UN PARISIEN EN ASIE

VOYAGE

EN CHINE, AU JAPON, DANS LA MANTCHOURIE RUSSE
et
SUR LES BORDS DE L'AMOOR

DU MÊME AUTEUR

POUR PARAITRE PROCHAINEMENT

L'AMOUR FANTOME

UN
PARISIEN
EN ASIE

VOYAGE

EN CHINE, AU JAPON, DANS LA MANTCHOURIE RUSSE

ET

SUR LES BORDS DE L'AMOOR

PAR

M. CAMILLE DE FURTH

PARIS
LIBRAIRIE GÉNÉRALE DES AUTEURS
10, RUE DE LA BOURSE, 10

1866

PRÉFACE

L'homme de goût qui, en vue de ses loisirs intelligents, voudrait former une bibliothèque des voyages, pourrait la composer d'un nombre de volumes assez restreint, s'il prenait pour unique loi de n'admettre à l'intimité de sa pensée que les ouvrages vraiment remarquables.

Voici quelles, à mon sens, devraient être les œuvres privilégiées de cette collection :

L'*Odyssée*, ce merveilleux poëme écrit comme un roman, ce voyage humoristique du plus spirituel des princes grecs des temps héroïques à travers le monde hellène à peine constitué. Puis :

Les *Neuf livres* d'Hérodote, le père des voyageurs et des historiens ;

L'*Anabase* de Xénophon ;

Le *Récit* de l'ambassade de Prisens au pays des Huns ;

En dehors de l'antiquité :

Les *Voyages* du juif Benjamin de Tudela ; ceux de Marco-Polo, de Magellan, de Levaillant (livre savant, amusant et naïf), de Jacquemont (un modèle de philosophie et de style), d'Alex. de Humboldt, du capitaine Cook ;

Puis parmi les publications plus récentes :

Les premières *Impressions de voyage* d'Alexandre Dumas ;

Tra los Montes et *Constantinople*, de Théophile Gautier ;

Promenades et *Souvenirs*, de Gérard de Nerval ;

Enfin :

Les *Récits* des capitaines Burke et Specke ;

En tout une quarantaine de tomes.

Je ne prétends pas que, sauf dans les ouvrages précités, il ne se trouve, parmi les mille et une relations connues, beaucoup de pages attrayantes.

Je n'ai par là indiqué que les volumes qu'on peut non-seulement lire, mais relire : les volumes de la table de nuit, c'est-à-dire les amis, les consolateurs, les confidents.

Dans tous, en effet, à quelques exceptions près, il se rencontre des détails pleins d'intérêt, dont la science et l'histoire n'ont point failli à tirer profit. Dans bien peu, pourtant, sont réunies les qualités qui distinguent l'écrivain, le savant, l'historien et le phisosophe.

L'ensemble de ces qualités est rare, mais il est presque indispensable à l'auteur qui prétend nous intéresser au récit de ses aventures à travers des contrées dont le nom parfois ne nous est pas même familier, et à travers lesquelles notre imagination galope à toutes brides à cheval sur la curiosité : la vraie monture pour s'en aller dans les beaux pays de l'inconnu !

D'ailleurs, presque toujours, à notre insu, notre esprit se tient en garde contre ces narrations que nous ne pouvons contrôler. Tout lecteur est un sceptique.

Voyager est une science; raconter, un art: or, si les savants sont encore nombreux, les artistes ne le sont guère. Je n'ignore pas que tout art touche au métier par plusieurs côtés : savoir le métier de son art, cela s'appelle faire du *procédé*. Il ne manque pas, en effet, de soi-disant stylistes pour décrire ce qu'ils ont mal vu, ou même ce qu'ils n'ont point vu. Il est aisé de barbouiller une centaine de pages qu'on remplit de prétendue couleur locale : « toits bleus, » « minarets blancs, » « soleil rouge-cuivre, » « un pan de ciel, » « les lions de la mer, » cent autres locutions tout aussi vierges sont, pour ainsi dire, des couplets de facture qu'un voyageur ignorant dans l'art d'écrire emploie avec une certaine dose de contentement, et qui d'ordinaire satisfont les lecteurs superficiels multipliés par les chemins de fer.

Un récit de voyages à la fois instructif, intéressant, curieux et écrit avec soin, est presque une merveille, et c'est pourquoi l'on doit déjà tenir en singulière estime un volume dans lequel il se pourra reconnaître plusieurs ou même rien qu'une des qualités cherchées.

J'oubliais toutefois l'essentielle, celle qui souvent remplace toutes les autres : la sincérité !

« *Ut ridentibus arrident, ita flentibus adflent*
« *humani vultus. Si vis me flere, dolendum est*

« *primum ipsi tibi; tunc, tua me infortunia læ-*
« *dent, Telephe, vel Peleu.....* »

Or, la sincérité, qui fait assez généralement défaut aux voyageurs, est présente à chaque page dans le livre de M. Camille de Furth.

Dès lors, nous le pouvons suivre ; c'est un bon compagnon sur lequel on peut compter : l'homme n'est pas parfait, le voyageur est le moins parfait des hommes. Donc, que notre guide ait mille défauts et rien qu'un petit nombre de qualités ; qu'il soit d'une humeur barométrique, gai sans mesure, triste à l'excès, prolixe, concis, bavard, hautain, familier, synthétique, ingénieux, nerveux, précieux, Ingriste, coloriste, paysagiste, économiste, utilitaire, peu m'importe au fond ; il est sincère ; largue le foc ! partons ensemble !

M. Camille de Furth s'en est allé un vilain matin que la Fortune lui avait escroqué le tiers environ du pécule paternel : le cigare à la bouche, les mains dans ses poches ; du haut du pont de *la Panthère*, il a philosophiquement dit adieu à toutes les futilités qui sont l'essence même de la vie d'un vrai Parisien. Être Parisien et quitter le boulevard ! quelle douleur ! Quoi? vous n'irez plus au bois? Hélas ! mes lauriers sont coupés ! —

On ne vous verra pas cet hiver au foyer de l'Opéra ?— Non !...— Il y aura une révolution, pour sûr ! Caroline débute la semaine prochaine ! Que voulez-vous ? tout le monde ne ressemble pas au personnage de Lambert Thiboust : j'ai fini de rire et... je ne peux plus causer... avec Caroline. — L'opéra nouveau ? le nouveau drame ? la comédie attendue ? le vaudeville qu'on doit siffler ? ce roman qui fera scandale ? la première représentation du Corps législatif : *pour la rentrée de MM. Thiers, J. Favre et Pelletan, débuts d'une ingénuité politique ; le prix des consciences ne sera pas augmenté !* — Tout cela c'est bien tentant. — Et cependant il s'en alla.

Bon voyage ! — Et c'est ainsi que notre voyageur est parti : la tête pleine d'un million de riens charmants qui avaient été sa vie, mais le cœur tranquille, le cœur cuirassé de l'*œs triplex* d'Horace. Où allait-il ? à la grâce de Dieu ! Qu'allait-il faire ? fortune ! Autant faire cela qu'autre chose ! Mais si brusquement que l'instinct commercial se fût révélé en lui, le sens parisien n'y était pas mort. La moitié de sa cargaison tout au moins était composée de caisses de vêtements : habits noirs à profusion ! S'il allait se trouver tout à coup vis-à-vis d'un roi nègre ? Une tenue convenable est de rigueur ! Boîtes de gants, pantalons de la meilleure coupe, souliers vernis en foule, une mine de faux cols ! On ne peut pas se présenter au club chinois en costume de voyage ! L'élégant propose et la mer dispose. Voici le vent, la tempête, le naufrage ! Adieu la cargaison, les habits noirs : il sauve... quoi ? dérision ! un faux col ! Et puis ?... — C'est tout !

Voilà notre homme bien loti ! Croyez-vous qu'il se désespère ? Allons donc ! pour un petit naufrage ? il en a vu bien d'autres... au théâtre de la Porte-Saint-Martin ! Qu'est-ce qu'un Parisien n'a pas vu ?

Un Parisien en Asie, tel est le titre de ce volume, et jamais titre ne fut mieux justifié. Partout, toujours, en Chine, au Japon, au Kamschatka, en Sibérie, sur les rives de l'Amoor, en Russie, c'est le Parisien qui marche, lorgnon à l'œil et stick en main. Il a faim, il a soif, il a froid, il brûle, il gèle; riche ce matin, pauvre ce soir, qu'importe? il n'a pas oublié l'argot spécial des coulisses : *Je la connais ! Ils la font bonne ! Elle est mauvaise !* Sa gaieté, voilà son passe-port; son courage, voilà son viatique. Avec cela, on fait sept mille cinq cents lieues; simple promenade. Il se promène donc à la suite de nos armées, en Chine, où il arrive en même temps qu'elles, puis au Japon, au Japon, où il faut songer à regagner ce que l'Océan a pris.

Mais, au fait, pourquoi ne pas s'établir au Japon? il a bien habité Asnières; est-ce beaucoup plus loin du boulevard de Gand? Le voilà donc à Yeddo, la tête pleine de combinaisons; la maison Rothschild n'a qu'à bien se tenir, il va lui créer une rude concurrence dans la mer des Indes! Et, puisque le sort l'a rendu sérieux, pourquoi ne se marierait-il pas? — Au Japon? — Sans doute! Elles sont ravissantes les Japonaises! Elle est adorable la petite Yosi! et il l'adore! C'est un charmant et frais épisode dans la relation de M. Camille de Furth, que l'histoire ébauchée de ces trop courtes amours. Pauvre Yosi!

Une fois encore la Fortune se montre rebelle, elle fait la prude, mais notre Parisien ne l'attend pas, et le voici qui reprend sa course à travers les neiges, les glaces, les fleuves, les monts; arrêté dans les banquises, abandonné par ses guides, laissé pour mort dans une hutte de Gilacks. Son but est de revenir, où? à Paris, chercher une nouvelle pacotille. Les bâtiments ne peuvent quitter le port, les postillons russes ne savent retrouver leur chemin, les fleuves sont durcis, les routes encombrées de neige. Il part seul... et de Pétropolowska à Saint-Pétersbourg, — un trajet de dix-huit cents lieues! — Il brave tout, les animaux, les hommes, les éléments!

Enfin, le voici dans la capitale de l'empire russe, épuisé, malade, presque sans argent, — toujours gai!

Vous lirez cette odyssée; je ne sais si mon amitié m'égare, mais il me semble que vous vous intéresserez à cette lutte de tous les jours, de toutes les heures, soutenue par un homme seul contre la nature et contre la misère. Comment trouve-t-il de l'argent? Il en trouve! Au Japon, il achète des chevaux qu'il revend en Chine; dans l'Oural, ce sont des améthystes. L'homme du monde s'aperçoit tout à coup qu'il est un trafiquant aussi habile qu'un juif de Saxe ou de Bohême.

Un chapitre que je recommande particulièrement à l'attention des lecteurs sérieux, c'est celui qui traite de la colonie russe de l'*Amoor*. Dans ce pays de formation nouvelle, le cerveau du voyageur s'exalte : ce n'est pas seulement le paysage, ce ne sont pas seulement les mœurs, les types, les costumes qui le frappent : son coup d'œil s'élève, il songe à la France, il examine, au point de vue commercial, industriel, politique, cette contrée vierge. La *Revue des Deux-Mondes* a publié peu de travaux de cette importance.

Rentré en France, plein d'enthousiasme pour le pays qu'il vient de visiter, il se prépare à repartir, mais… mais le boulevard le retient ; ses pieds s'attachent, en dépit de son vouloir, à cet asphalte qu'on regrette toujours ; la vie parisienne le reprend, et, au milieu de ce brouhaha quotidien, il met en ordre les notes qu'il publie aujourd'hui sous ce titre : *Un Parisien en Asie.*

Du style de l'œuvre, que dirais-je ? M. Camille de Furth n'est pas un écrivain de profession, mais je sens qu'il ne dépend que de lui de le devenir. Je n'ai pas reçu mission d'en faire la critique. Son mérite principal, et c'en est un grand, c'est la spontanéité. M. Camille de Furth écrit comme il voyage, vite ; sa phrase court ; la première image qui s'offre à son esprit, il la saisit. Quelquefois elle n'est pas d'une justesse complète, mais souvent elle est pittoresque.

Somme toute, tel qu'il s'offre, ce volume m'a semblé d'une lecture attachante, et je ne crois pas trop m'avancer en lui prédisant un succès des plus honorables. — Les divers fragments qui ont été publiés déjà dans les revues mensuelles et dans les journaux hebdomadaires ont reçu du public un accueil tel que ma prophétie ne me paraît guère courir le risque de se tromper.

Amédée ROLLAND.

AVANT-PROPOS

Il n'existe guère de plus attrayante lecture que celle des voyages : histoire, politique, religion, géographie, philologie, mœurs, usages, roman, anecdotes, comédie et drame, le voyageur a tout vu et parle de tout.

Cependant, et forcément, il ne possède, quelle que soit l'étendue de ses connaissances, qu'une érudition incomplète.

Parti, le plus souvent, avec un but déterminé, le hasard ou la Providence l'en détourne, et, lorsque, après mille périls bravés, revenu aux calmes bonheurs du foyer, il nous raconte ses aventures, s'il nous charme, nous émeut, nous intéresse, il ne parvient pas toujours à nous convaincre de la véracité de ses récits.

L'esprit humain est ainsi fait ; il se complaît au doute. Mais ce n'est point là l'unique raison de ce scepticisme.

Le voyageur n'est jamais, il ne peut jamais être qu'un enfant naïf qui, devant les grands spectacles de la nature, devant l'imprévu, devant la bizarrerie des costumes qui éblouissent ses yeux, devant l'étrangeté des mœurs qui frappent son esprit, s'enthousiasme, s'étonne, admire, sourit ou pleure. De là le charme répandu dans ses narrations, de là aussi l'incrédulité qui parfois les accueille.

En cela comme en mille choses, c'est, la plupart du temps, l'incrédulité qui a tort.

Comme tant d'autres proverbes, celui qui dit : *A beau mentir qui vient de loin*, manque de sagesse ; car, pour n'être point accusé de mensonge, il faudrait simplement que tout voyageur résumât en lui la somme des connaissances humaines. Cela même ne suffirait point à sa bonne renommée : la moitié des vérités d'aujourd'hui étant exposée à devenir les grossières erreurs de demain. Par contre, bien des erreurs d'hier sont des vérités aujourd'hui. Ainsi les critiques grecs, y compris le grave Plutarque, qui n'ont pas craint d'accuser Hérodote, le père des voyageurs et des historiens, de n'être, pour ainsi dire, que le père des romanciers, ont été victorieusement réfutés par les critiques modernes, Scaliger et Boërhaave en tête.

La relation que je publie, pour n'avoir point les visées orgueilleuses d'un voyage d'exploration historique et scientifique, n'en contient pas moins toute une série d'observations familières.

Le premier, parmi les Français inscrits sur le registre du consulat de Yeddo ; ayant, à la suite de circonstances dont le récit n'apprendrait rien à nos lecteurs, parcouru avec une rapidité vertigineuse des contrées inexplorées hier encore, l'éducation latine et grecque que chacun de nous reçoit au collège ne m'a pas été un fil d'Ariane bien utile.

Au milieu de cette course folle, je n'en ai pas moins recueilli une foule de documents inédits dont l'ensemble pourra, je l'espère, plaire au lecteur.

Enfant de Paris, jeté tout à coup à travers des mondes nouveaux, toujours bizarres pour qui les ignore, c'est avec bonne humeur que j'ai traversé toutes ces nations, toutes ces peuplades, ici rencontrant une civilisation en pleine corruption, là la barbarie primitive.

La forme *je*, employée par le voyageur, n'est pas une vanité, c'est un procédé de narration qui donne au récit plus de vivacité et d'entrain. Dégagé de tout intérêt personnel, le narrateur n'a point d'intérêt à masquer la vérité, il raconte ce qu'il a vu, ce qu'il a senti, négligeant souvent l'ensemble pour le détail, mais toujours sincère. Au reste, mes lecteurs apprécieront.

UN PARISIEN EN ASIE

VOYAGE

EN CHINE, AU JAPON, DANS LA MANTCHOURIE RUSSE

ET SUR LES BORDS DE L'AMOOR

CHAPITRE PREMIER.

Départ. — De Marseille à Alexandrie. — *La Panthère.* — Alexandrie. — Un Anglais, un Suisse et en Français. — Les Pyramides. — Suez. — Le *Simla*. — La mer Rouge. — Aden. — L'océan Indien. — Pointe de Galles.

C'est le 17 avril 18.. que je quittai le port de Marseille, sur le steamer *la Panthère*, appartenant à la Compagnie Péninsulaire et Orientale. Mon but était d'aller m'installer à Shang-haï et de tenter la fortune en Chine : je désirais profiter de l'ouverture des ports nouveaux, que nos armes victorieuses allaient livrer au commerce européen.

Je partais plein d'espoir, sûr de réussir, emportant une forte dose de courage, peu d'argent, mais, en revanche, le plus grand désir de prospérer.

C'est là, en effet, un merveilleux bagage, et je comptais bien revenir en France au bout de dix ans, pour y goûter un long repos conquis par un grand labeur.

Mais l'homme s'agite et Dieu le mène; cette grande parole, si souvent attribuée à tort à M. Guizot, devait recevoir une fois de plus sa consécration, car le programme que je m'étais posé s'est trouvé singulièrement modifié par les événements.

Ce sont les péripéties par lesquelles j'ai dû passer pour revenir en France, après avoir vu mes projets détruits l'un après l'autre, comme autant de châteaux de cartes, en moins de quinze mois, et parcouru près de dix mille lieues, que je veux vous raconter.

Jeté, par les circonstances, dans les aventures d'un voyage étrange, la narration qui suit aura du moins un côté sincère et, je l'espère, curieux, puisque j'ai dû parcourir, presque toujours seul et souvent à pied, des contrées où rarement les autochtones eux-mêmes osent se risquer.

De Marseille à Alexandrie, mon voyage n'offrit d'autres péripéties que celles assez vulgaires de tout voyage en mer, lorsque la tempête n'assaille pas le navire, lorsque les passagers jouissent d'une parfaite santé, d'un appétit à fendre le cœur de l'économe du bord, et lorsque enfin, de sept heures du matin à dix heures du soir, les dames et demoiselles, aux bras des gentlemen, font et refont cent cinquante fois le trajet de l'*avant* à *l'arrière* et de *l'arrière* à l'*avant*, occupation des mieux trouvées pour développer la maladie que les Anglais appellent le spleen.

Cependant, cette fois, *la Panthère* était en fête, pavoisée aux couleurs nationales et d'Angleterre. Les passagers comptaient parmi eux deux personnages politiques d'une haute importance : le baron Gros et lord Elgin, qui, se rendaient en Chine. Aussitôt leur arrivée, les hostilités des alliés devaient commencer contre le Céleste-Empire.

A la vérité, la présence de ces deux sommités diplomatiques n'a rien ou presque rien changé à la vie monotone, régulière, quasi-automatique qu'on mène à bord du navire; c'est toujours le même ordre, toujours le même ennui.

Deux coups de canon viennent de retentir, puis au loin et de tous points le canon répond au canon : c'est un vacarme assourdissant, mais qui ne manque pas de grandeur.

Quand le jour vient à poindre, le navire a changé d'aspect; c'est un tumulte organisé : les matelots carguent la voilure, le capitaine commande la manœuvre sur son banc de quart, quatre hommes sont à la barre, des milliers de cris se font entendre, et quels cris!

Les passagers accourent en foule; que se passe-t-il? Nous sommes dans le port d'Alexandrie.

Les deux coups de canon tirés par un modeste pierrier auquel on n'aurait jamais soupçonné une pareille voix de basse, ont annoncé la présence des deux ambassadeurs; les drapeaux de France et d'Angleterre flottent au grand mât, deux navires de guerre de la marine égyptienne ont répondu aux signaux : telle est la cause de ces clameurs. Toute une population cherche à accoster le navire avant qu'il n'ait jeté l'ancre, au risque de se faire broyer par les aubes; les cris de ces furieux vont toujours en augmentant; il semble qu'ils mettent un point d'honneur à vociférer tous à la fois.

L'ancre glisse sur la chaîne, on entend retentir un robuste « *Stop !* » et le navire est en place. Alors commence l'assaut, un véritable assaut, allez! Tous les petits esquifs viennent se coller aux flancs du bâtiment et, comme autant d'insectes pour une proie, nos crieurs invincibles montent en envahissant le pont du steamer.

Pendant les deux heures que dure le déchargement du navire, j'assiste à une véritable scène de pillage : l'illusion est complète. Des hommes au teint noir, jaune, cuivré, issus de toutes les races africaines, costumés d'une façon bizarre, les uns jambes nues, d'autres coiffés du turban égyptien, tous criant, hurlant, se ruant dans l'entre-pont qu'ils ont ouvert avec la furie d'un assassin fouillant les entrailles de sa victime, puis reparaissant le dos chargé de malles qu'ils descendent dans leurs barques, tous ces gens n'offrent-ils pas le tableau exact de ces corsaires tunisiens si redoutés de nos pères, et dont le souvenir s'est perpétué dans les légendes des marins de la Méditerranée?

Un petit steamer a accosté *la Panthère*, nous y montons tous, et, bientôt après, nous touchons la terre d'Égypte.

Un monsieur très-poli, un Anglais, m'a-t-on dit, vêtu du costume égyptien, obligatoire pour quiconque occupe une fonction dans les États du vice-roi, vient nous annoncer qu'un train spécial nous conduirait au Caire, où nous retrouverions les passagers anglais partis de Southampton et se dirigeant sous les mêmes latitudes que nous.

Mon séjour à Alexandrie ne fut donc que de quelques heures, malgré le désir que j'éprouvais de voir la ville.

O poésie de la vapeur ! il me semble entendre vaguement : « Alexandrie, dix minutes d'arrêt ! »

C'est au Caire que nous devions seulement prendre quelque repos, le temps nécessaire pour décharger à Alexandrie le navire qui nous y avait amenés et charger celui qui nous attendait à Suez.

D'Alexandrie au Caire, le chemin de fer met six heures à peu près, quelquefois davantage, rarement moins, suivant l'état de la température. Si le vent souffle du désert, le train est forcément retardé ; si, au contraire, le vent se tait, le trajet s'effectue dans le temps indiqué.

La chaleur devient insupportable; quelques Américains qui se trouvent dans mon compartiment se mettent à leur aise.

Se mettre à son aise pour un Yankee, cela consiste surtout à incommoder ses voisins.

Ces messieurs me semblent encore bizarres, habitué

que je suis à fumer le *londrès* sur le boulevard des Italiens, attablé devant un café élégant et causant, de cette intelligente conversation parisienne, que les voyages surtout font apprécier; je suis choqué et je me mets à la fenêtre, résolu de n'échanger aucune parole avec ces sauvages.

Voici le Caire, Mirs-el-Kahira, comme disent les Arabes, au loin les montagnes Mokatam qui se détachent sur le ciel implacablement bleu projettent leur grande ombre sur la ville accroupie à leurs pieds. Les mosquées avec leurs dômes, les palais, la citadelle, tout cela forme un aspect féerique bizarre.

L'arrivée du train a mis en branle une population qui tout à l'heure était endormie à l'ombre.

Quel brouhaha! On se précipite vers le voyageur, on l'entoure, on le circonvient.

— Hôtel de Londres! s'écrie dans le plus pur français un Égyptien au teint basané.

— Hôtel des Deux-Mondes! hurle un autre en vous entraînant de son côté.

Un peu plus, ils ajouteraient :

— N'allez pas chez mon confrère, c'est un filou!

Le voyageur est littéralement étourdi, il n'y voit plus clair, il n'entend plus; ce voyage pénible l'a rompu, il est annihilé, sans pensée, sans volonté; le plus robuste parmi ces coquins l'emporte, non sans quelques bons horions, que se distribuent entre eux les commissionnaires tout entiers à leur proie attachés.

On me juche sur un petit âne, deux fois gros comme un chien de Terre-Neuve, et me voici parti au grand galop de ma monture. Quatre Égyptiens me suivent en criant et en courant comme s'il y avait une récompense honnête promise à celui qui le premier attrapera une extinction de voix.

Imaginez deux cents personnes conduites de la sorte à travers la ville, et vous aurez une idée du singulier spectacle que présente l'arrivée du train qui amène au Caire les voyageurs de la malle des Indes.

J'avoue franchement que je n'avais pas même conscience du gîte où l'on m'entraînait; je me doutais bien que mes conducteurs me dirigeaient sur un hôtel, mais quel hôtel serait-ce? Le hasard voulut que ce fût à l'Hôtel de Londres.

Une grande maison, avec de vastes chambres et d'énormes vestibules, où l'air circule librement, entretenant une fraîcheur constante, voilà cet hôtel assez confortable, où cependant le domestique me paraît faire défaut; je suis plus d'une demi-heure avant d'obtenir une chambre.

Une lady — il y a des Anglaises partout — me conduit à travers un véritable labyrinthe, jusqu'à mon appartement.

— Sauvé, mon Dieu! m'écriai-je, — ce qui fut un hommage rendu en même temps à la Divinité et à M. D'Ennery.

Le soir, le souper nous réunit tous, un souper qui fut très-gai, car le repas était très-bon.

C'est le surlendemain que nous devons partir pour Suez. On vient de nous l'annoncer, on me propose une excursion aux Pyramides, j'accepte de grand cœur.

C'est le soir, vers onze heures, qu'il faut nous mettre en route; le ciel est peuplé d'étoiles, la chaleur du jour est tombée, une douce brise souffle par intervalles et la lune éclaire de ses teintes pâles la ville endormie ; c'est fantastique, presque aussi beau qu'à l'Opéra ou à la Porte-Saint-Martin !

Trois compagnons sont avec moi : un Suisse, qui en cette qualité, ne s'exprime qu'en allemand, et deux jeunes Anglais.

Tous quatre nous avons déserté la patrie dans un but uniforme : le hasard nous a réunis, la similitude de notre but nous a liés, cependant jusqu'à présent la sympathie est à peu près étrangère à nos relations. Les deux Anglais sont peu communicatifs ; avant ce lointain voyage ni l'un ni l'autre n'avaient quitté Londres. Le Suisse est un parfait Germain, parcimonieux comme les gens de sa race, il marchande tout, c'est un de ces gens rangés qui perdraient leur fortune plutôt que de donner une pipe de tabac. Cet harpagon teutonique se rend à Manille !

Nous sortons des portes de la Trézène ottomane, chevauchant côte à côte, et le silence le plus parfait règne au milieu de nous. Mon esprit trouve, du reste, une alimentation suffisante dans la vue des splendeurs du paysage qui environne le Caire ; à peine sortis de la ville, nous entrons dans un immense bois d'orangers qui embaument l'atmosphère. De temps en temps nous rencontrons des indigènes campés ; le chameau mélancolique est accroupi auprès d'eux ; au bruit de la cavalcade il a relevé mollement la tête, un hennissement a soulevé sa poitrine; quelques figures, brunes comme la nuit, se dressent aussitôt, un salut courtois est échangé et nous continuons notre route.

Pour ces indifférents, les ennuis du caravansérail sont inconnus.

Demain, au point du jour, ils partiront et marcheront jusqu'à ce que la trop grande chaleur les oblige à s'arrêter de nouveau.

Ils marchent sans but, la vie pour ceux-ci est un voyage sans fin; population nomade, ils espèrent leur existence des gens qu'ils implorent.

Les étoiles scintillent à travers les branches, comme autant de diamants semés dans le feuillage.

Bientôt nous arrivons sur les bords du fleuve le Nil. Nous sommes à la moitié de notre course, nous dit le guide.

Un grand colloque s'engage à ce moment, il s'agit de s'entendre avec les bateliers qui doivent nous faire franchir le fleuve, naturellement on fut longtemps à parlementer. Enfin nous tombons d'accord, les chevaux montent dans une sorte de bachot plat, nous faisons comme eux, et nous voilà naviguant sur le fleuve mystérieux de la mystérieuse Isis; deux barques pleines de rameurs passent près de nous, les hommes qui les montent entonnent un chant d'une mélodie bizarrement rhythmée; nos bateliers répondent par une autre chanson; pensif, j'écoute! Une sorte de plaisir morne m'envahit! Je suis dans la couleur locale. Tout est grave en ce pays, surtout la joie. Notre traversée dure vingt minutes. Vis-à-vis de l'endroit où nous abordons, se trouve un modeste cawa, le guide offre de nous y reposer un instant.

Comment résister au désir de goûter le moka délicieux du pays, et de humer quelques bouffées dans un narghilé?

Malgré l'opposition de mes compagnons, je parviens à les décider à accepter la proposition.

Figurez-vous un trou plus noir que l'enfer, une vingtaine d'individus groupés diversement autour d'une espèce de fourneau chargé de tabac, chacun d'eux un tuyau à la bouche, lançant en l'air des nuages bleuâtres, une lampe fumeuse, appendue au plafond, et projetant une lumière douteuse qui ne permet qu'après plusieurs instants de s'apercevoir de la présence des habitants, voilà le spectacle qui s'offrit à nos yeux; un vrai Téniers oriental.

Mes compagnons semblaient peu joyeux de leur visite; mon jeune Suisse surtout; il boutonne sa redingote, de crainte de surprise, et je ne puis m'empêcher de le plaisanter.

— Ces gens sont du dernier galant, — lui dis-je; — voyez-moi ces gandins du désert, il ne leur manque qu'un faux col, mais le soleil a ganté leurs mains, et ils nous offrent le café avec le meilleur air!

En effet, on nous offrait la brune liqueur, préparée à la manière turque.

— Délicieux! — fis-je en le humant.

— Partons! — s'écria mon jeune Suisse, en toussant, tellement il avait mis de promptitude à ingurgiter le breuvage qui l'avait brûlé.

— Pardon, attendez encore un instant — lui dis-je en acceptant le tuyau du narghilé que me passait un vieil Égyptien — laissez-moi aspirer quelques bouffées de tabac, et je me remets en selle.

Deux Égyptiens s'étaient levés, dans l'intention évidente de nous offrir quelque autre chose, mais leur mouvement fut mal interprété par M. X., le plus timoré des enfants de l'Helvétie.

— Partons! partons! — exclama-t-il en courant à toutes jambes vers la porte, se croyant sans doute déjà percé de plusieurs coups de canjiar et précipité dans le fleuve, qui paisiblement baignait les pieds de ce cabaret, qui certainement n'avait que cela de propre.

La plaisanterie avait duré suffisamment de temps, je me levai et remerciai nos hôtes dans un patois mélangé de tous les idiomes qui m'étaient connus par à peu près. Je me souviens que, mis en gaieté par cette macédoine de dialectes insensés, je terminai par un juron où j'essayai de faire rouler les R aussi terriblement que les fils de l'Auvergne ou les comiques du Palais-Royal! Les gentlemen me regardèrent ahuris. Pour les Arabes, je dois dire qu'ils eurent l'air de comprendre, par politesse sans doute, mais ils inclinèrent plusieurs fois la tête avec satisfaction. Heureux de ce triomphe, ce fut avec noblesse que je leur donnai le *sinjou* obligatoire; cinq minutes plus tard, nous étions à cheval.

Nous partîmes au galop, il était tard, nous avions perdu beaucoup de temps. Durant le trajet, il s'éleva une discussion entre M. X., le Suisse timoré, et votre serviteur. Ce monsieur, qui confondait probablement *le Ranz de Vaches* avec *la Marseillaise*, prétendait avoir vu les deux Égyptiens tirer leurs poignards du fourreau; j'affirmai l'avoir vu également; je lui demandai si ce fait avait suffi pour l'effrayer au point de précipiter son départ et de le faire fuir comme un chamois.

— Deux Anglais et un Français — ajoutai-je en tortillant ma moustache comme un officier du Cirque — ne valent-ils pas quinze Égyptiens? Dix manants contre un gentilhomme, etc., etc. Mais cet ourson de Berne ne connaissait pas *la Tour de Nesle*. Ne voulant pas perdre mon mouvement chevaleresque, j'ajoutai en me retournant vers mes deux autres compagnons : C'était insulter notre honneur ! — Qu'en pensez-vous, mes gentlemen ?

— Aoh! certainement ! — firent-ils en ouvrant leurs deux grandes bouches avec la régularité d'une mécanique.

Vivent les voyages ! les voyages lointains surtout, quand on est habitué depuis son enfance à la vie parisienne. Vous ne sauriez croire quelle source de gaieté intarissable je puisai en moi-même pendant tout le cours de mes longs pèlerinages, uniquement avec ce seul principe : Songer toujours à Paris, à un Parisien, à une Parisienne, à une pièce, à un acteur, à une actrice, comparer, déduire, etc..... Dans quelque endroit du globe que vous soyez, dans quelque position critique que vous vous trouviez, employez ce procédé, vous arriverez infailliblement à un éclat de rire.

Peu d'instants après, nous entrions dans l'immense plaine où se dressent comme trois géants : Gizeh,

Cheops et Chephren. Des souvenirs de la campagne d'Égypte envahissaient mon cerveau; je voyais se dérouler pour moi seul ces grandes calvacades de mamelucks, repoussées par nos bataillons carrés. Les chevaux avaient pris un galop frénétique; tacitement, une espèce de lutte s'était engagée entre les quatre hommes et les quatre bêtes; au milieu de ma rêverie chauvine et comme pour y ajouter une réalité à laquelle j'étais loin de m'attendre, en face de nous surgirent tout à coup une vingtaine d'individus. A la clarté de la lune orientale, ils ressemblaient aux spectres de ces mêmes mamelucks, morts dans le champ que nous foulions.

C'était une sorte de mise en action de la ballade allemande, mais il y manquait le jeune Bonaparte. *Bounaberdi*, comme disent les chansons locales qui ont gardé son souvenir.

Une décharge de mousqueterie accueillait notre arrivée, force fut d'arrêter nos chevaux, et quelques paroles furent échangées entre notre guide et les spectres noirs.

Cette vaste solitude, où tout à l'heure régnait le calme le plus profond, était maintenant hérissée de têtes, les détonations répondaient aux détonations, une véritable fantasia arabe venait de commencer; les chevaux marchaient au milieu de ce bruit en se cabrant de temps à autre.

J'appris alors que le vice-roi commet à la garde des monolithes, gloire du désert, une population bédouine d'environ 1,500 hommes, qui, constamment campés dans la plaine de Memphis, ont pour tout profit la rançon qu'ils peuvent tirer des touristes.

En effet, nous fûmes bientôt entourés de toute la horde; — c'était à qui nous offrirait ses services, toujours dans cette grammaire trop pittoresque dont les premières règles ont été posées, dit-on, avec la première pierre de la tour de Babel.

Tout le monde connaît l'excessive facilité des Orientaux à s'assimiler les langues étrangères, ces Bédouins parlaient tous les idiomes, et ils en abusaient.

Le prix débattu et convenu, l'ascension commença, une pérégrination bizarre si jamais il en fût : nous étions partis quatre, combien de nous arriveraient au sommet? En route, je m'aperçus que j'étais abandonné : mes compagnons avaient renoncé à affronter les difficultés ascensionnelles, et ils s'étaient arrêtés dès la première tentative d'escalade.

C'est par l'extérieur du monument que s'opère la montée; les avaries produites par le temps, qui a dégradé les pierres de l'édifice, permettent seules d'atteindre au faîte des pyramides. Cette ascension me paraît presque impossible à tenter tout seul; les Arabes savent où il est prudent de poser le pied et où il est dangereux de chercher un point d'appui.

Tout au haut de la pyramide de Cheops, est une plate-forme d'environ six mètres carrés. De cette hauteur on découvre une immense plaine; la brise, plus fraîche dans les régions élevées, vous arrive bienfaisante; on éprouve un bien-être mêlé d'orgueil, on se dit que l'homme est né pour les sommets, $\mu\alpha\tau\alpha\iota o\tau\eta s\ \mu\alpha\tau\alpha\iota o\tau\eta\tau\omega\nu\ \kappa\alpha\iota\ \pi\alpha\nu\tau\alpha\ \mu\alpha\tau\alpha\iota o\tau\eta s$, comme dit l'apôtre à la bouche d'or! Celle de l'homme essaye de nicher sa personnalité partout, fût-elle grotesque, minuscule! Les pyramides, grandes vanités, en conservent bien des petites dont les siècles n'ont que faire : je veux parler des mille inscriptions que les touristes ont laissées là. La plupart sont banales : j'en déchiffre un assez grand nombre au clair de la lune ; en voici une qui m'est restée dans la mémoire :

TO JENNY WALTON LOVE FOR THE LIFE
JAMES CAMPBELL 1858.

Je regretterais que miss Jenny Walton ne soit pas devenue lady James Campbell ; l'écriture de cette inscription avait un air honnête qui me frappa ; Jenny a dû être tendrement aimée. En voyage, un rien vous fait penser : ce soir-là Jenny eut deux amoureux...

La descente s'effectua assez rapidement ; les deux Bédouins qui me servaient de guides s'obstinaient à me donner tous les titres imaginaires, malgré les efforts que je faisais pour les persuader de mon origine toute plébéienne.

— Mon prince n'a pas trop chaud ?

— Monsieur le marquis a-t-il soif ?

Etc.... etc.... Ces Bédouins me rappelaient assez fidèlement ces enfants perdus de la civilisation parisienne qui, le soir des bals masqués de l'Opéra, se pressent autour des passants et les accablent d'épithètes sonores, afin d'exciter la générosité de l'amour-propre.

Au pied des pyramides, après avoir visité les chambres situées au quart de la hauteur, je me sentis tout à coup enlevé sur les épaules de mes guides et l'on me porta en triomphe devant le front du monument.

Je me serais volontiers soustrait à cette démonstration, mais c'est un honneur que doit subir quiconque a gravi le monument jusqu'au faîte.

Le matin, à la pointe du jour, nous étions de retour au Caire, — un peu fatigués, il est vrai, mais satisfaits de notre expédition.

Deux jours après, j'arrivais à Suez.

Cette ville, appelée, dans un avenir prochain, à devenir un centre commercial considérable, me fit l'effet, lorsque j'y passai, du plus affreux trou qui se puisse imaginer.

Quelques maisons disséminées au fond d'une vallée qui rappelle encore le désert, — un hôtel assez chétif situé sur le quai du port, voilà tout, ou à peu près, ce que je pus y remarquer. A l'heure où j'écris, le génie européen, stimulé par l'énergie française et par la patience admirable de M. de Lesseps, ont changé la face des choses.

Comme nous étions arrivés à marée basse, et que le navire qui devait nous transporter aux Indes avait dû prendre la haute mer, on nous entassa, pour nous y conduire, sur un tout petit steamer, et, sous un soleil de cinquante degrés, nous attendîmes les ambassadeurs, qui avaient pris un train spécial.

On signale leur arrivée à cinq heures; une heure plus tard, nous abordons le *Simla*, magnifique steamer à hélice de la Compagnie, de la force de six cents chevaux, et qui va directement à Calcutta.

Sur ces immenses bâtiments, l'organisation est toute différente de celle qui existe sur les petits navires comme *la Panthère*, où tout se passe en famille. Là, au contraire, tout est régi militairement. On a véritablement l'air de vous transporter *gratis*, et, malheureusement, on n'en a que l'air. Les *stewards* ou domestiques de bord sont d'une rare impertinence, et les officiers s'évertuent à les imiter.

Quant au capitaine, il ne s'occupe d'aucun détail.

Je me trouve donc sur le pont du *Simla*, ne sachant à qui parler pour obtenir quoi que ce fût; toutes mes tentatives restent sans résultat, et ce n'est véritablement que grâce à l'influence de M. Le Bastard d'Estang (1), secrétaire de l'ambassade française, que j'obtiens qu'on me donne une cabine, — mais, hélas! je ne l'obtiens pas.

Celle qu'on me désigne est déjà prise d'assaut par un trio anglais; mon arrivée est saluée comme celle de l'ennemi en face d'un avant-poste. Les insulaires m'accueillent comme si j'étais un Huron.

Justement mécontent, et on le serait à moins, je veux me plaindre, — mais, malgré le régime militaire, l'influence de ces messieurs est plus puissante que la mienne, et l'on ne m'écoute guère.

J'enrageais, mais ma bonne fortune me ménageait une compensation. On me dit qu'il y a peut-être un moyen de s'entendre avec un jeune officier du bord, près duquel on me mène. Cet officier devait faire exception à la règle.

(1) Mort aujourd'hui, et dont la fin prématurée fut une perte réelle pour tous ceux qui l'avaient connu.

Croyant flatter son amour-propre national, je lui adresse ma requête en langue anglaise, que je parlais assez mal à cette époque.

Il me répondit, en me tendant la main, avec un franc sourire sur les lèvres et en excellent français :

— Parbleu! monsieur, disposez de moi, et faites de ce qui m'appartient, tout ce qu'il vous plaira.

J'essaye en vain de le remercier, il s'en défend, j'insiste, peines inutiles.

Cette grâce et cette bonne humeur rachètent à mes yeux bien des griefs; j'oublie déjà les ennuis que je viens d'éprouver; je n'étais cependant pas au bout de mes tribulations.

Le jeune officier ajouta :

— Maintenant que c'est une affaire entendue entre nous, avez-vous songé à vous désigner une place à table?

— Comment, me désigner une place à table? Est-ce donc à moi de le faire?

— Sans doute! Si vous oubliez cette petite formalité, vous courez grand risque de mourir de faim, ou de vous résigner à manger tout debout pendant le temps que durera la traversée.

Il tira sa montre.

— Diable! fit-il, il est déjà tard, courez à la salle à manger, sinon je ne réponds de rien.

Je me dirige vers la salle à manger; mon officier n'avait été que trop bon prophète, impossible de trouver un coin de nappe.

J'ai une certaine dose de patience; par contre, je n'ai pas un drachme de résignation.

Je criai, je jurai, je fus l'ouragan fait homme, on me prit pour *un grain*, on craignit une tempête. Bref, on l'apaisa en faisant la part du feu. C'est à la sueur de son front qu'il faut gagner son roastbeaf sur les bateaux de la compagnie Péninsulaire-Orientale.

A partir de ce jour, je devins possesseur d'une table isolée, et de cette façon je n'eus plus à subir les facéties sauvages et saugrenues de cette horde d'Anglo-Indiens qui composaient la majorité des passagers du *Simla*.

Car, sauf le jeune midshipman, dont je viens de parler, et un officier d'artillerie du Pendjâub, qui tous deux avaient conservé les allures polies de l'éducation européenne, je n'ai rencontré à bord, j'en suis désolé pour mes compagnons de route, que des gens moins bien élevés que des Peaux-Rouges, et plus maussades que des Thugs en activité.

Toutes les précédentes observations ne concernent que la partie masculine : passons à la plus belle moitié du genre humain (style avunculaire).

— Eheu ! Alas ! Hélas ! Aïe ! Diavolo ! Caramba ! Que n'ai-je dans ma cervelle tous les termes, toutes les dyphthongues, toutes les onomatopées à l'usage de la douleur humaine ! Il est bien dur, en vérité, de commettre un crime de lèse-galanterie, car je suis Français, c'est-à-dire, élevé à l'école de l'opéra comique. Oui, mais je suis voyageur, et pour faire mentir le proverbe : A beau mentir qui vient de loin ! je prétends que ma narration soit un modèle, sinon d'éloquence, au moins d'exactitude.

Donc, nous avons des dames à bord : huit, je crois.

A part deux assez jolies, les autres n'ont qu'une beauté contestable; en revanche, elles font jouer toute l'artillerie féminine de la coquetterie d'une façon intimidante, même pour un Parisien pur sang.

Que sont-elles?

— Shoking!

— Oui, shoking, je le répète avec énergie; ces miss, sans doute si prudes dans leurs îles, me font l'effet d'y avoir totalement oublié leurs principes de rigidité protestante.

Ce ne sont que chuchotements deux à deux; à droite et à gauche, ici et là, on entend, à intervalles répétés un bruit doux et sonore, qui ressemble furieusement au son de bouches qui se confondent. Rendez-vous sur le pont, la nuit, quand tout dort, car il ne faut pas tenir pour éveillés les gens de quart, ils ont l'œil ouvert, mais pour le service seulement.

La vie est si monotone à bord, et le temps que l'on a à y passer est si court! Un mois au plus : il faut bien brusquer les choses!

Et puis, le capitaine n'est responsable que de son navire. Quant aux voyageurs, qu'il y ait soustraction ou multiplication, peu importe, les soustractions sont enregistrées sur le livre de bord, et je crois que les multiplications ne sont passées que pour *mémoire*.

En fin de compte, je n'avais jamais assisté à une aussi singulière réunion, et je ne soupçonnais pas d'aussi curieuses mœurs.

Les médisances, aussi salées que l'eau de la mer, vont le train de la machine, elles sont à hélice aussi, et d'une puissance de cent cinquante bouches en fort bon état, car tout ce monde dit du mal l'un de l'autre, aucun ne redoit à l'autre.

Cependant, avec une vitesse de dix à douze nœuds à l'heure, nous descendons assez rapidement la mer Rouge, et nous sommes bientôt en vue d'Aden.

Ce point, pour les Anglais, est une position militaire importante, qui leur permet de dominer l'entrée de la mer Rouge, du côté de l'Océan indien ; aussi ont-ils grand soin d'entretenir les lignes de défense ; mais je ne saurais en dire autant de la sollicitude qu'ils déploient envers les habitants, car la population d'Aden, qui compte à peu près 24,000 âmes, est dans un état d'abandon complet. Non-seulement leur misère est accablante, mais encore les conditions sanitaires du pays sont tellement déplorables, que la lèpre et l'éléphantiasis m'ont paru faire partie de la constitution physique des malheureux indigènes.

Nous restons huit heures à Aden, où nous avons, du reste peu de choses curieuses à regarder ; les autochthones n'offrent à la vue qu'un objet de dégoût.

Il fait une chaleur insupportable. Presque tous les passagers sont descendus à terre ; ceux qui sont restés à bord, ou qui y sont revenus, prennent un grand divertissement à jeter des pièces de monnaie dans la baie, encombrée de petites barques montés par des Africains, qui se précipitent à la mer pour recueillir ces épaves. Ce sont de parfaits nageurs ; la forme de leurs bateaux est d'une simplicité primitive, ce sont des arbres grossièrement creusés, on les manœuvre au moyen d'une seule rame à deux spatules, semblable à la pagaie des naturels des îles de la Sonde. Ces esquifs, habilement conduits d'ailleurs, acquièrent une très-grande vélocité, et luttent courageusement avec les vagues.

Pendant ce délassement, où l'aumône n'est qu'un prétexte, je fus à même d'observer quelques nuances du caractère de nos voisines d'outre-Manche.

Elles étaient avidement curieuses du spectacle qu'elles avaient sous les yeux, et se penchaient d'une façon, même périlleuse, sur les bastingages, afin de ne pas perdre une seule des évolutions nautiques des plongeurs, lesquels (j'ai promis de dire la vérité) n'avaient d'autre costume que celui de notre premier père, avant la découverte du figuier biblique, dont la feuille, avec le temps et le secours des modistes, est devenue la crinoline.

Or, comme je les avais vues rougir de confusion, lorsque étourdiment le mot pantalon avait été prononcé devant elles, j'en conclus immédiatement, car c'est une belle chose que la logique, qu'elles préféraient l'état primitif de l'innocence à tous les vains ajustements de la mode.

Tant de candeur me toucha.

A la nuit tombante, nous prenons un pilote et nous partons à pleine vapeur droit sur Pointe-de-Galles (île de Ceylan).

Nous laissons à notre gauche, en quittant le détroit de Bab-el-Mandel, l'île de Socotora, et le navire reprend son allure ordinaire.

Nous voici en plein Océan indien.

Les superbes nuits que celles de ces mers! Comme le ciel a d'autres teintes, comme les étoiles ont d'autres scintillements que sous notre zone européenne! Quel merveilleux spectacle que celui de cette immensité calme, dans laquelle, avec sérénité, tourbillonnent et flamboient des mondes.

On est imprégné de grandeur; le vent salin qui vous souffle au visage devient un souffle épique, on se tait et l'on regarde, mais en sa conscience frémissante, l'ode éclate, c'est là qu'on sent la vérité de la poésie éternelle; loin des querelles ridicules d'école, on porte en son âme le *mens conscientia sui* de tout vrai poëte; il faut être membre de l'Institut pour ne pas penser comme Pindare; le premier venu est ému, touché, grandi.

La grande chaleur du jour a contraint tous les passagers à se confiner dans leurs cabines, et ce n'est que quand le soir arrive que chacun remonte sur le pont et que l'animation renaît à bord.

Alors les conversations s'engagent, générales ou particulières. Parfois elles sont interrompues par des chants de matelots, d'une modulation bizarre et qui laisserait à désirer aux professeurs du Conservatoire, mais qui empruntent un charme exceptionnel aux conditions dans lesquelles on les écoute.

On nous promet un bal — c'est grande récréation, et tout le monde accepte cette promesse avec transport.

En effet, le lendemain, vers huit heures, nous voyons arriver un domestique avec un violon et un autre avec une flûte, et c'est avec cet orchestre médiocre que la fête va commencer.

Les plus grands danseurs sont les midshipmen du bord.

Tous les genres chorégraphiques sont épuisés depuis l'ancienne contredanse jusqu'à la moderne mazurka.

A onze heures, tous les feux devant être éteints, le divertissement cesse.

On étouffe dans les cabines, où l'air ne pénètre que par une très-petite ouverture ; beaucoup d'entre nous couchent sur le pont, aussi est-il fort difficile d'y trouver une place.

A quatre heures du matin, on procède au nettoyage du navire, et les passagers prennent leur bain.

C'est un des plus agréables moments de la journée ; il fait frais, et l'on se promène vêtu légèrement.

On nous annonce que nous devons arriver le lendemain à Pointe-de-Galles.

Vers le soir, le temps commence à se couvrir, le capitaine prévoit du gros temps, il donne l'ordre de ne laisser coucher personne sur le pont ; les voiles sont pliées et les vergues mises du côté du vent. Le ciel est d'un noir sinistre, l'obscurité est opaque.

Nous attendons ; la nuit s'écoule assez tranquillement, mais au jour notre surprise est grande, il n'y a en vue aucun indice que la terre soit près de nous.

Nous nous informons, on nous répond à peine ; le capitaine paraît préoccupé.

Qu'arrive-t-il ?

Vers onze heures, le commandant, dont la préoccupation n'a cessé de s'accroître, nous apprend qu'il ne peut indiquer d'une manière précise l'endroit où nous nous trouvons !

Voici donc la période des émotions violentes qui commence : tempête, naufrage obligé, etc.

Pour mon compte, je ne me sentais pas trop troublé, et même je trouvais au premier abord un certain charme à cette position d'enfants perdus au milieu de l'Océan. Avec un peu plus de réflexion — et si la situation eût duré longtemps, — très-probablement eussé-je envisagé la chose d'un œil plus effrayé, mais pour l'heure je n'y voyais qu'une diversion à la monotonie habituelle, et je m'avouais tout bas qu'une tempête en règle, un petit naufrage bien mis en scène, ne manqueraient pas de donner une tournure pittoresque et dramatique à mon voyage ; au moins, au retour, j'aurais beau jeu avec mes anciens amis, la plupart canotiers de la Seine ! Ils ne pouvaient autrement faire que de me nommer amiral d'Asnières !

J'eus tort de songer à ces étourderies, comme on le verra par la suite.

Sans être encore très-menaçant, le temps continuait à devenir de plus en plus mauvais.

Ce sont les changements de mousson, qui se produisent généralement au mois de mai dans les mers indiennes, qui nous gratifient de ces orages.

Vers quatre heures, une petite éclaircie permet de reconnaître un point de repère sur la côte, c'est le pic d'Adam, et le capitaine commence à se remettre dans la voie ; le soir, nous entrons triomphants dans Pointe-de-Galles, malgré le temps.

Là nous devons abandonner *le Simla*, qui se dirige directement sur Calcutta ; les passagers qui sont en destination de la Chine embarqueront sur *le Malabar*, navire de 600 tonneaux, arrivant de Bombay, et qui se rend à Shang-haï ; depuis la veille il nous attend dans le port.

A notre arrivée en rade, c'est toujours la même scène d'envahissement du navire par les naturels du pays.

Nous quittons *le Simla*, et je touche la terre de Ceylan.

CHAPITRE II.

Un hôtelier bizarre. — Un coup de vent. — Un naufrage. — Sauvetage. — Les extrêmes se touchent. — Ceylan. — Mon auberge. —Excursion dans l'île. — Coup d'œil historique. — Types. — Colombo. — Le consul français. — Retour à Pointe-de-Galles.

L'hôtel où je descends est tenu par l'être le plus singulier qui se puisse imaginer — et qu'à ce titre je recommande à ceux qui, ayant lu cette relation, auront l'heur de se trouver à sa portée.

Il se nomme Colmann. C'est un Américain-Californien-Indien, avec des allures d'hôtelier italien des plus prononcées.

Certes, s'il ne fait pas de brillantes affaires, ce ne sont pas ses hâbleries qu'il faut en accuser, il en met partout et des plus merveilleuses.

A l'en croire, il n'y a pas sur la surface du globe une maison ni mieux tenue ni plus diversement approvisionnée que la sienne. Il vante tout ce qu'il a : la fraîcheur de sa glace (sic), l'excellence de sa bière (le cœur m'en lève!), la variété de ses boissons, et en cela il n'a pas tort, on y trouve de tout : depuis le *Nectarian Crasher* jusqu'au *Palate irritator* et le *Sleep Inducer*. On compterait aisément une trentaine de liquides plus étranges les uns que les autres. Il est juste de dire que si leurs noms peuvent défrayer un vocabulaire de distillation, leur saveur est exactement identique, et quelle saveur!

Cet hôte cosmopolite a, de plus, la manie de nous régaler, le soir, d'un fragment de Shakespeare, qu'il déclame, prétend-il, à la façon de Macready, et chante des romances anglaises, comme ne le ferait pas Sims Reeves.

Je ne connais pas de cuistre plus désobligeant, et, cependant, je vois des Anglo-Indiens qui me paraissent prendre un goût extrême à ses excentricités; il est vrai qu'ils arrosent leur enthousiasme de quantités prodigieuses de liqueurs fortement alcoolisées et aromatisées, prises en cotisation. La soirée finie, l'assemblée tout entière entonne à la fois de nouvelles rasades, et un formidable chœur, dans lequel il n'y a rien autre chose à démêler que le bruit charivarique de voix enrouées par l'alcool.

C'est le lendemain que nous devons appareiller de nouveau.

Pointe-de-Galles ne m'a pas paru une ville d'un séjour

bien agréable, je n'y suis, d'ailleurs, resté que trop peu d'heures pour pouvoir en juger; dans ce court espace de temps, il tombe une pluie diluvienne, ce qui, m'a-t-on dit, est un phénomène habituel dans cette partie de l'île. C'est à cette humidité constante qu'il faut attribuer les fièvres et les dyssenteries, si fatales aux Européens.

Dès le matin, je me rends à bord. En ma qualité de vieux loup de mer, que je suis devenu en peu de temps, je me choisis une superbe cabine que je m'empresse de partager avec M. Le Bastard. J'écris en caractères aveuglants, sur une assiette de la salle à manger, mon nom. Cette fois, du moins, je suis à peu près sûr d'être classé.

Le temps est toujours déplorable, nous devons déràper à midi. Mais, à cette heure, les ambassadeurs ne sont pas encore à bord. Vers deux heures, on entend les canons du fort, et bientôt nous apercevons la yole du gouverneur, conduite par vingt rameurs malabars, qui font au lointain, malgré la pluie torrentielle, un merveilleux effet. Ce tableau a de la couleur, comme on dit dans le jargon des ateliers.

Cette grande yole blanche, montée par ces vingt coquins, noirs comme le jais, vêtus de blanc, coiffés de rouge écarlate, forment véritablement un spectacle curieux.

Quelques instants après, les ambassadeurs étaient à bord, on s'apprête à lever l'ancre.

Le temps devient de plus en plus exécrable, le vent souffle avec une violence telle que deux fois notre navire se couche presque entièrement sur le flanc. Un rideau de cocotiers centenaires, plantés sur la rive, est presque entièrement déraciné par cette rafale.

Plus intelligent ou plus heureux que nous, le *Simla* a quitté le port à midi, sans éprouver de difficultés.

Les passagers des deux navires se sont fait leurs adieux à la manière anglaise, c'est-à-dire par trois hurras successifs.

J'ai dû, à ce moment, me séparer du midshipmen, qui m'avait accordé l'hospitalité, et du jeune officier d'artillerie du Pendjaub. Je l'ai fait avec un grand serrement de cœur.

Sans doute, je ne les reverrai jamais. Puisse saint Guttemberg, le plus puissant des saints du calendrier qui ne se fait pas à Rome, jeter un jour ces lignes sous leurs yeux! ils y verront la gratitude que je leur garde et le souvenir des bonnes heures de causerie que nous eûmes sur le pont du *Simla*.

Cependant *le Malabar* est dans une situation critique, nous nous trouvons resserrés dans un goulet fort étroit.

— *Full steam! Go on!* (pleine vapeur en avant!) crie le commandant d'une voix formidable.

A ce moment nous sentons deux chocs successifs, suivis immédiatement d'un troisième, qui produisent un bruit à peu près pareil à celui que ferait une gigantesque grosse caisse, recouverte d'une draperie. La comparaison n'est pas noble, mais je n'en trouve pas de plus exacte.

C'est le navire qui vient de talonner!

Nous n'avons pas assez de vapeur pour enlever le bâtiment, placé dans cette dangereuse position. Le vent souffle toujours avec une violence extrême, et nous allons infailliblement nous briser contre les rochers qui sont maintenant droit devant nous.

La confusion est au comble; tout le monde crie et gesticule, mais personne n'agit.

Nos matelots singalais sont pris d'une peur terrible et se refusent à travailler; ils s'abîment dans des invocations sans fin à leurs divinités.

Pour surcroît de malheur, on nous annonce que l'eau a envahi l'entrepont; je me hâte de déserter ma cabine, l'eau me vient aux chevilles; il n'y a pas un seul instant à perdre : *le Malabar* va sombrer!

Ne le disais-je pas tout à l'heure, que j'aurais mon naufrage!

Le sauvetage commence, chacun se charge de ce qu'il croit pouvoir emporter. Le bruit a redoublé, on ne s'entend plus.

Le mécanicien en chef, pour activer le feu de sa machine, a imaginé de jeter sur la fournaise 40 gallons (à peu près 120 litres d'huile), le feu devient très-intense, la vapeur se dégage, et, grâce à cette heureuse initiative, le vaisseau vire complétement, et le capitaine parvient à le faire échouer sur un banc de sable qui se trouve au fond de la baie.

Le Malabar est perdu, mais les passagers sont sauvés.

L'eau fait irruption avec violence dans le bâtiment, et, si le danger matériel est à peu près disparu, l'épouvante n'en continue pas moins à régner; les choses se passent si rapidement, d'ailleurs, en ces occurrences, qu'on n'a guère le temps de se rendre compte de ce qui arrive.

Les femmes s'évanouissent, — c'est on ne peut plus naturel, — mais c'est bien embarrassant.

Le calme des ambassadeurs, au milieu de la catastrophe, rappelle la plupart des passagers à eux-mêmes; on examine avec plus de sang-froid la situation et l'on prend des mesures en conséquence.

Nous apercevons quelques bateaux, qui, de la côte, se dirigent vers nous à force de bras.

Par une fatalité inexplicable, et dont il y a peu d'exemples, le pavillon du *Malabar* flotte orgueilleusement comme s'il était vainqueur de la tempête; de sorte que pour ceux qui nous aperçoivent et qui pourraient nous apporter du secours, notre position ne paraît pas être aussi périlleuse qu'elle l'est réellement.

Les canots sont mis à la mer.

Ici, les scènes épisodiques qui doivent se renouveler à chaque naufrage : des passagers qui veulent se précipiter en même temps dans les embarcations; d'aucuns, plus étourdis que les autres, tombent à la mer et sont repêchés. — Grâce à la fermeté du capitaine, M. Grainger, nous ne perdons personne — il a l'œil partout, voit tout, ordonne tout!

Les situations les plus dramatiques ne sont pas exemptes non plus de comédies, ce qui prouve, entre parenthèses, la vérité du drame moderne.

Voici la preuve de la première assertion.

Les femmes, comme cela se doit, furent embarquées les premières ; déjà plusieurs d'entre elles étaient en sûreté, au fond du canot, lorsqu'une jeune miss, en descendant, eut sa robe accrochée à l'un des nœuds de l'échelle, qui vacillait sous la tourmente, de sorte que la jolie personne montrait toute autre chose que sa tête ; dans un autre moment, ce spectacle à la Paul de Kock n'eût pas été sans charmes...

Elle ne tarda pas à s'apercevoir de son accident, et, la confusion s'emparant de cette nouvelle Virginie, elle restait immobile sans remonter ni descendre.

Déjà le matelot qui était en bas pouvait la saisir par les jambes : elle se cramponnait et ne voulait pas lâcher prise.

— Mais descendez donc ! criait cet homme.
— No ! laissez-moi !
— Vous descendrez !
— No !

Cette scène dura quelques minutes, et il fallait toute la gravité de la situation pour qu'elle ne provoquât pas l'hilarité générale.

De guerre lasse, le matelot lui dit, en accompagnant sa phrase d'un fameux juron :

— Goddam ! si vous ne lâchez pas, je vous flanque à l'eau !

Et, comme il tirait à lui, tout en parlant, l'intéressante miss lâcha prise et tomba — non pas dans la mer — mais perpendiculairement sur le visage barbu du matelot. — Étrange embrassade !

Ainsi sauvée, et mise au fond du canot, elle cacha,

cette fois, sa tête dans ses mains, pour dissimuler la rougeur de son front.

Les ambassadeurs quittent le bord les derniers, et nous nous retrouvons tous, trempés jusqu'aux os, mais sains et saufs.

Au moment où j'abandonne *le Malabar* et tout ce que je possédais, recueilli sur le canot de *la Belle Hermance*, capitaine Massemakers, de Dunkerque, le premier qui eût osé approcher notre bord, le navire a déjà presque tout son arrière sous l'eau.

J'arrive à terre, dénué de tout, ne possédant plus rien qu'un petit sac très-léger, — je le crois bien ! — je ne tarde pas à m'apercevoir que le sac ne contient que des lettres et quelques faux cols !

La première soirée fut naturellement consacrée aux récits des différentes péripéties de cette chaude et humide journée ; mais, le lendemain, chacun dut songer à faire de son mieux pour passer le temps pendant lequel nous devions séjourner à Ceylan.

Ce n'est pas au confortable qu'il faut songer, à peine si l'on peut compter sur le nécessaire.

Les hôtels singalais — quoi qu'en ait dit l'hôtelier indo-américain — sont les plus mal organisés du monde, et les chambres qui les composent seraient dédaignées pour écuries par certains chevaux gentilshommes de notre connaissance.

Le taudis dans lequel on m'insère est, depuis un temps immémorial, la retraite d'un peuple de chauves-souris, de belle taille, — si ce qualificatif peut s'employer pour désigner ces hideux animaux, qui, par leur vol incessant, protestent toute la nuit contre la violation de domicile dont je me suis rendu coupable à leur égard.

Aussi, mon sommeil, si toutefois l'on peut appeler sommeil l'état d'engourdissement fiévreux dans lequel je fus plongé, ne fut-il pas bercé de songes couleur de rose — comme dit la chanson populaire.

A mon réveil, les pensées sérieuses m'assaillirent en foule. Je ne suis pas précisément d'un caractère lugubre — ni très-accessible au découragement, — mais j'étais absolument dénué de tout, — sans autres vêtements que ceux que j'avais sur le dos, — et pas un décime dans ma poche.

Je suis donc forcé de m'adresser à la sollicitude d'un de mes compagnons de voyage, qui me prête deux cent cinquante roupies (environs cinq cent vingt-cinq francs) : juste de quoi parer aux nécessités les plus urgentes.

On nous apprend que nous avons quinze jours à rester dans l'île jusqu'à l'arrivée d'un prochain navire.

C'était pour moi une fâcheuse nouvelle.

Le comte Le Bastard me propose une excursion dans l'intérieur des terres. Ce voyage ne pouvant être qu'intéressant, j'accepte sa proposition.

Nous partons dans une espèce de pataches, rappelant assez exactement les antiques *coucous* qui stationnaient naguère à la porte Saint-Denis, et nous nous dirigeons vers Colombo, capitale de l'île et résidence du gouvernement.

L'île de Ceylan, que certains historiens de l'antiquité

—notamment Hérodote — prétendent avoir été connue de leur temps, ne fut cependant découverte par les Portugais qu'en 1505. Elle passa ensuite sous la domination des Hollandais, qui la conservèrent de 1658 à 1796, époque à laquelle les Anglais, qui la détiennent encore aujourd'hui, en prirent possession à leur tour.

La route que nous parcourons pour nous rendre de Pointe-de-Galles à Colombo est une des plus ravissantes choses que l'on puisse imaginer : c'est déjà l'Inde avec ses splendeurs végétatives, qui en ont fait le pays des merveilles mystérieuses de la création.

Aucune contrée de l'Europe ne peut donner une idée de cette nature puissante.

Ce ne sont qu'orangers en pleine terre, cocotiers, caféiers et cannelliers. Les pins gigantesques y abondent. Les fleurs colossales des tropiques embaument l'air de leurs parfums.

Les arbres sont habités par tout un peuple de singes sautant et cabriolant. On sait que ces clowns naturels assaisonnent leurs exercices de quelques onces de méchanceté. Ils se sauvent à notre approche en nous lançant une grêle de cocos qui ne nous atteignent pas — heureusement, — car ils les lancent avec une telle violence, que ces projectiles eussent infailliblement blessé plusieurs d'entre nous s'ils fussent arrivés à destination.

La route, pendant une longueur d'à peu près trente-deux milles anglais, est bordée de chaque côté par des cases d'Indiens singalais, qui vivent complétement entre eux et en dehors de tout mouvement politique.

Peu leur importe la conduite du gouvernement de leur île : ils connaissent à peine leurs envahisseurs. En un mot, leur existence est quasi automatique.

Seules, les femmes s'occupent à tresser des cordages ; pour les hommes, ils sont aussi dévots que possible au culte de sainte Paresse.

En revanche, les Singalais sont d'une frugalité antique : un cocotier, un bananier, un arbre à pain offrent de quoi subvenir aux besoins matériels très-peu compliqués des insulaires.

Les Singalais appartiennent à la pure race hindoue, leur peau rappelle celle du mulâtre, leur constitution est robuste. Avec un système de colonisation autre que celui pratiqué par les Anglais, nul doute qu'on ne puisse tirer ces hommes de leur état primitif d'abjection et les conduire rapidement à la civilisation.

Ils sont parfaits marins ; ils composent en grande partie l'équipage des flottes de la compagnie péninsulaire, où l'on trouve également une notable quantité de Calcutiens ; mais ces derniers sont petits, malingres, chétifs, et contrastent étonnamment avec les naturels de la race singalaise.

Les femmes de Ceylan, pour la plupart, manquent de beauté ; il faut en excepter, toutefois, celles de sang mêlé, issues du commerce d'une Singalaise et d'un Portugais.

Leur teint olivâtre, leurs grands yeux noirs bien fendus, leur taille droite, haute, élégante, causent une très-agréable surprise à l'Européen qui n'a vu encore que les Singalaises pures, dont la laideur est repoussante.

Après neuf heures de marche, c'est-à-dire vers le soir, nous arrivons enfin à Colombo.

C'est une ville très-bien fortifiée, et suffisamment bien entretenue. On voit que le gouverneur y a établi sa résidence. La différence avec Pointe-de-Galles est frappante.

La ville est petite, mais le port est large et spacieux.

Depuis deux ans seulement la France y a établi un consulat où nous nous rendons. Le consul est un homme très-distingué, de manières cordiales, auquel je dois pour ma part mille remercîments pour la gracieuse et charmante hospitalité qu'il nous a accordée.

En quittant Colombo, nous nous dirigeons vers Candy, ville de second ordre, située au milieu de l'île; mais la route est beaucoup moins agréable que celle de Pointe-de-Galles à Colombo. On n'y rencontre de remarquable que deux plantations de café, magnifiquement exploitées, qui appartiennent à MM. de Rothschild, de Paris.

CHAPITRE III

Le *Pékin*. — Les Chinois de Singapoorc. — Les tigres. — Hong-kong. — La petite Provence à 4,000 lieues. — Au bois ! — Les bohémiens d'Hong-kong.

Après huit jours d'excursion, nous étions de retour à Pointe-de-Galles, et le lendemain on signalait l'arrivée du *Pékin*, navire de la compagnie, qui devait nous conduire à Shang-haï.

Pendant notre absence, on s'est beaucoup occupé du sauvetage des marchandises qui se trouvaient à bord du *Malabar* ; ce steamer est maintenant complétement perdu. On n'a pu, jusqu'à cette heure, retirer que quelques malles dont le contenu est avarié ; le *Malabar* renfermait, outre les marchandises, environ 25 millions de francs en numéraire, appartenant, pour la majeure partie, aux gouvernements français et anglais. On avait fait demander à Calcutta des cloches et des plongeurs pour opérer avec plus de diligence et de succès un sauvetage fort difficile.

Nous montons à bord du *Pékin*, qui n'attendait que le *Colombo*, arrivant de Suez, et nous partons d'abord pour Pulo-Pinang.

Nous ne nous trouvons pas précisément à notre aise pendant cette traversée, car *le Pékin* est obligé de contenir le double de son contingent ordinaire, c'est-à-dire les passagers du *Colombo*, et nous autres, les tristes naufragés du *Malabar*, de sorte que chaque cabine est occupée par cinq personnes, au lieu de deux qu'elle doit régulièrement contenir.

Cependant on s'arrange, et *le Pékin*, un vieux navire, malgré son surcroît de charge, file bravement ses dix nœuds à l'heure. Nous arrivons bientôt à Pulo-Pinang.

Cette île, située à l'entrée du détroit de Malacca, est plutôt une station anglaise qu'une colonie proprement dite. C'est là qu'on trouve les premiers Chinois établis d'une façon régulière.

Malgré l'éloignement des ports de la Chine, quoique les jonques soient d'une construction vicieuse pour les voyages de long cours, une émigration constante a lieu, dans la bonne saison, des côtes chinoises au détroit de Malacca.

Les émigrants sont les seuls travailleurs de l'île. Depuis les métiers les plus infimes, les plus durs, jusqu'à ceux qui demandent de l'habileté, de la délicatesse ou de l'art, tous les travaux sont dans la main des Chinois, qui, comme partout ailleurs, se montrent extraordinairement industrieux. Les Chinois peuvent être considérés comme les plus actifs commerçants du monde.

La race indienne de Pulo-Pinang est généralement méprisée. Tandis que l'Indien n'est que portefaix et ne borne toute son ambition qu'à ne pas mourir de faim, le Chinois aspire à la fortune, et il est rare que la fortune ne le récompense pas de ses efforts.

Le *Pékin* ayant fait son eau et son charbon, nous repartons cette fois pour Singapoore et nous entrons en plein détroit de Malacca.

Nous avons un calme absolument plat — pas une brise, pas un nuage, le bleu en haut, le bleu en bas — deux immensités bleues qui semblent n'en faire plus qu'une. Je m'explique maintenant ce que les marins entendent par cette expression : une mer d'huile.

Le détroit de Malacca est extrêmement étroit; il est resserré au nord entre les côtes de la presqu'île de Malacca, au sud entre celle de Sumatra, de sorte que l'on est presque toujours en vue des terres.

Les voiliers évitent généralement ce passage, qui devient très-dangereux au moment des moussons de sud-ouest et de nord-ouest, qui les jettent sur les rochers; mais, aux autres époques de l'année, on le tente d'autant plus volontiers qu'il raccourcit de beaucoup la route des mers de Chine.

Quand le vent souffle *grand largue*, rien n'est plus

élégant que la marche d'un clipper sous sa voilure complète, il plie littéralement sous la toile. Il nous arriva deux fois, malgré notre vapeur, d'être distancés par des clippers américains.

Presque tous les navires que nous rencontrons sont des transports amenant des troupes et du matériel pour les armées alliées en Chine.

Le lendemain de notre départ, nous sommes assaillis par un vent violent, qui pourtant ne nous cause aucun dommage. C'était une queue d'ouragan. En effet, à notre entrée à Singapoore, nous trouvons deux navires entièrement désemparés ; l'un est siamois, l'autre anglais. La tempête les a transformés en véritables pontons.

La rade de Singapoore est très-large, très-spacieuse; elle pourrait au besoin contenir cinq cents navires de fort tonnage et leur offrir un abri sûr.

Un bâtiment de guerre anglais, *l'Assaye*, nous salue à notre arrivée de cinquante coups de canon. C'est en l'honneur des deux plénipotentiaires qu'on fait ainsi parler la poudre, comme disent les Arabes.

En mettant pied à terre, chacun de nous est assailli de questions de toute nature par une foule d'individus appartenant à toutes les nationalités. Ce fait s'explique par l'absence de la première malle, qui a subi le même retard que nous, par suite de la catastrophe du *Malabar*. Pour une place commerciale de l'importance de Singapoore, on comprend combien le retard d'un courrier venant d'Europe jette de perturbation dans les intérêts ou d'inquiétudes dans les cœurs.

Ceux-là seuls qui se sont vus éloignés de leur famille, jetés hors du cercle de leurs amitiés, peuvent se rendre un compte véritable de la valeur que prend alors la lettre la plus insignifiante, quand elle vous apporte des nouvelles de ceux que vous avez quittés.

Singapoore, où nous devons rester quarante-huit heures, est une ville complétement neuve. Elle occupe une position admirable. Enclavée dans le royaume de Siam, les Anglais en ont fait une magnifique cité, et, il faut leur rendre justice, ils n'ont point épargné les sacrifices pour assurer le bien-être des Européens. Mais c'est la population chinoise qui domine. On y rencontre quelques Allemands, des Anglais en plus grand nombre, quelques Hollandais et peu de Français.

De Singapoore partent les steamers hollandais qui desservent Batavia, Sumatra, etc. A Singapoore viennent relâcher les navires espagnols qui vont à Manille, ou qui en reviennent. Le pavillon espagnol est un de ceux qui flottent le plus souvent dans le port. C'est en même temps l'entrepôt de tout le commerce de Bangkok avec l'Occident, c'est pourquoi l'importance de Singapoore ne peut que s'accroître de jour en jour.

Comme à Pulo-Pinang, ce sont les Chinois qui font la majeure partie des opérations commerciales. Mais il arrive souvent qu'après avoir travaillé quinze ou vingt années, ces malheureux, pris tout à coup du mal incurable qu'on nomme la nostalgie, abandonnent leurs établissements pour retrouver leur patrie. Hélas! s'ils n'ont pris soin de se faire naturaliser sujets anglais, ce que le gouvernement britannique ne leur refuse jamais, ils se trouvent tout juste aussi avancés qu'au moment de leur départ, car la loi chinoise, implacable pour la désertion du sol natal, ordonne la confiscation de tous les biens acquis à l'étranger. Et, cependant, bien peu de Chinois ont recours à la protection qui leur est offerte.

A Singapoore, ils vivent complétement à l'Européenne, prenant de notre civilisation tout ce qui peut satisfaire leurs goûts de luxe, mais conservant leurs passions natives. Quoique confinés dans un quartier spécial, qui s'appelle le quartier chinois, ils n'en sont pas moins les rois de la ville.

Singapoore, entouré d'immenses rizières, est ouvert de tous côtés, et n'est pas à l'abri, malgré le mouvement de sa population, des agressions des tigres qui abondent dans les jungles avoisinants. Tous les ans, quelque soin que prenne l'administration, plusieurs Chinois sont la proie de ces terribles voisins. Un fait donnera une idée de leur audace : en 1860, deux superbes tigres traversèrent toute la baie à la nage, sous les décharges répétées de la garnison du fort, entrèrent au quartier chinois, se saisirent de deux malheureux et regagnèrent leurs repaires, sains et saufs.

Il est juste d'ajouter que le Chinois fataliste dédaigne toutes les précautions. S'il doit être dévoré par un tigre, c'est la loi d'en haut ; il n'arrive que ce qui doit arriver !

Singapoore est coupé par de nombreux canaux, espèces de saignées pratiquées dans le port. Grâce à leur profondeur, les barges (barques plates) qui déchargent les navires, peuvent arriver jusqu'au centre de la ville.

Malgré son importance, cette grande cité né possède qu'un seul hôtel ; il est vrai que cet établissement est construit sur les proportions d'un véritable palais.

Son propriétaire — un Marseillais — y fera une rapide fortune, car si le service y est mesquin, les additions — par une contradiction que je ne me charge pas d'expliquer — y acquièrent des dimensions qu'un mathématicien qualifierait, à bon droit, d'incommensurables.

On est obsédé par les Indiens qui viennent vendre les joncs de Malac, les plumes d'oiseau de paradis, les tomawaacks, espèce de casse-têtes ; les poignards de bois de fer et de bois empoisonné, et une foule d'autres curiosités indigènes, que les Européens achètent assez facilement.

Ce commerce doit être pour eux un moyen d'existence assez lucratif, si l'on en juge par les prix auxquels ils estiment et vendent ces marchandises considérées par certains voyageurs comme très-précieuses.

Après deux journées de relâche, nous reprenons notre route, cette fois, pour Hong-Kong. Nous laissons à terre les Hollandais et les Espagnols qui se rendent les uns à Batavia, les autres à Sumatra.

Nous avons fait à bord une ample provision de fruits tous frais : des mangues, des mangostins, qu'on ne rencontre guère que dans cette contrée et dont la saveur ne saurait être comparée à aucun fruit européen, des ananas et des oranges vertes, dont la chair est exquise ; sous ce ciel de feu, la nature prévoyante a pris soin d'offrir en profusion au voyageur tout ce qui peut le mieux étancher la soif irritante dont il est atteint.

Cependant il n'est pas sans danger de faire abus de ces douceurs. Les jeunes gens du bord y prêtent peu d'attention, et je suis de ce nombre.

Après quelques jours d'une traversée uniforme, on annonce Hong-Kong.

Tout le monde, surtout ceux qui en sont à leur premier voyage, interroge l'horizon.

Nous apercevons une terre grise, aride, sèche ! — Désillusion ! c'est l'empire du bleu, du jaune, des couleurs violentes, c'est la Chine !

L'enthousiasme descend immédiatement au-dessous de zéro !

Le lendemain, un pilote vient à bord, car l'entrée de Hon-Kong est des plus difficiles. Ce pilote nous apprend la perte totale d'un clipper français, *la Reine des Clippers*, incendié en rade d'Amoy, entre Hong-Kong et Shang-haï.

Les Anglais semblent se préoccuper assez peu de ce désastre ; nous autres Français, nous éprouvons un grand serrement de cœur. C'est la seconde fois que nous apprenons une perte en mer : quelques jours auparavant, *la Nièvre*, transport de matériel et de troupes pour notre corps expéditionnaire, s'était abîmé corps et biens.

Pourtant, après le tribut légitime de douleur payé aux morts, nous revenons à notre situation et je regarde le spectacle qui s'offre à moi.

Le port de Hong-Kong est large et spacieux, plus grand encore que celui de Singapoore, que j'avais cependant trouvé fort beau.

Je passe d'une merveille à de plus grandes merveilles. De tous côtés on aperçoit une forêt de mâts, qui, selon la magnifique expression de Woodsworth, semblent montrer du doigt le ciel!

Ici, tous les pays sont représentés. Les pavillons divers flottent au vent. Cependant le drapeau aux trois couleurs domine, puisque nous nous trouvons au moment de l'occupation franco-anglaise.

Notre arrivée est saluée par l'artillerie, et l'amiral Page, commandant la station navale, se hâte de venir au devant des ambassadeurs.

Comme on nous croyait complétement perdus, il est aisé de concevoir avec quelle joie expansive nous fûmes accueillis.

Deux jours après, le baron Gros part sur *le Saïgon*, bâtiment affrété par le gouvernement français. Pour nous, vulgaires passagers, il nous faut attendre l'occasion d'un bâtiment de la Compagnie, se dirigeant sur Shang-haï, lieu de notre destination ; mais nous ne savons l'époque précise de son arrivée.

Quant à ma situation personnelle, elle est assez triste. Que suis-je, au milieu de ces mondes inconnus ? Un atome perdu dans un rayon de lumière, une graine jetée au vent!

Depuis près de deux mois qu'a eu lieu le naufrage du *Malabar*, je me trouve à quatre mille lieues environ de mon pays, sans relations aucunes. Il est facile de s'imaginer quelles inquiétudes obsèdent mon esprit, de quelle triste nature sont mes réflexions.

J'ai laissé des dettes à bord, c'est pour le moment le seul actif que je possède et il faut arriver à Shang-haï!

Le Dieu qui donne la pâture aux petits des oiseaux m'abandonnera-t-il? Ayons foi!

La Providence se manifeste sous les traits d'un jeune Allemand, mon compagnon de voyage à bord du *Pékin*. Il m'offre de l'accompagner jusqu'à Macao et de là à Canton, où l'appellent ses affaires; j'hésite d'abord, vu ma situation précaire; il insiste et lève toutes les objections que je lui présente, en m'affirmant qu'il m'accompagnera à son tour jusqu'à Shang-haï, où je le rembourserai de toutes les avances qu'il m'aura faites.

Cette perspective calme mes ennuis, et je puis dès lors regarder avec un esprit plus libre ce qui m'entoure.

Hong-Kong, de création toute moderne, est certainement un des plus étonnants résultats de la volonté anglaise. L'étrangeté de sa position, son aspect bizarre, ne manquent point de charme. Bâtie sur une montagne à pic, la ville se laisse embrasser d'un seul regard, et produit l'effet d'un amphithéâtre, dont les maisons seraient les stalles, et la mer la scène où se meuvent les acteurs. On voit que la décoration est grandiose.

Toute la partie basse de la ville est exclusivement le domaine de la population trafiquante.

Là on débite toute espèce de marchandises, de provenance cosmopolite et indigène ; les boutiques se côtoient, s'adossent et se superposent les unes sur les autres ; c'est un immense bazar, un capharnaüm !

Cela vous donne une idée du grand meeting qui se tiendra, dit-on, un jour, — le dernier, — dans la vallée de Josaphat.

Plus on gravit les hauteurs de la ville, plus le bruit s'éteint — naturellement. — En bas, c'est le tumulte des affaires ; en haut, c'est le repos cher au rêveur. Ici l'activité brouillonne ; là règne le *kief* oriental. Vous trouvez néanmoins à Hong-Kong tous les raffinements de la civilisation la plus occidentale, pourvu, toutefois, que vous ayez dans votre porte-monnaie le passe-port universel, car les Chino-Anglais tiennent en grand mépris l'hospitalité écossaise. Je ne dis pas qu'ils aient tort.

Hong-Kong possède encore une magnifique et charmante promenade dominant la mer, où tous les jours la musique d'un régiment de cipayes, — *musique noire !* — vient jouer les airs patriotiques de la noble Angleterre, *afin qu'on n'en ignore*, comme disent, au pays des Gaules, les bâtards de M. Loyal, qui fut très-prolifique !

Cette promenade est le rendez-vous de toutes les bonnes d'enfants, — cantonnaises pour la plupart, — qui viennent, comme *à l'ordre*, accompagnées des jeunes magots confiés à leurs soins, s'ébahir aux sons soi-disant harmonieux qui sortent des poitrines d'ébène.

Il est impossible de faire abstraction de l'étrangeté du costume, du ciel et du paysage, sans cela l'on se

4.

croirait au Jardin des Tuileries, à cette heure si ardemment attendue par les *payses*.

C'est comme un ressouvenir de la *Petite-Provence* parisienne, à quatre mille lieues de la rue de Rivoli.

Ces Cantonnaises sont très-pittoresques avec leurs larges pantalons de lustrine de couleur, leurs camisoles s'attachant au cou par trois boutons sur le côté et flottant sans dessiner la taille, leurs vastes manches, leurs petits pieds élégamment chaussés de cothurnes de soie aux semelles de feutre et pointus par le bout, leurs magnifiques cheveux relevés à la *chinoise*, et ramenés par derrière en forme de 8. Malgré tout mon patriotisme, je suis obligé de confesser qu'elles l'emportent de beaucoup sur mes *payses*.

Vers six heures arrivent les calèches découvertes, les cavaliers caracolant auprès des portières; tout se passe exactement comme dans un bois de Boulogne dont le lac serait la mer.

Quand le soir vient, toute cette foule se hâte de rentrer, car l'air est très-pernicieux aux heures nocturnes, dans ce climat charmant et malsain.

Quelles que soient les précautions hygiéniques prises par les émigrants, ils s'habituent difficilement à l'atmosphère du pays.

Lorsque la nuit est tout à fait venue, l'aspect de la ville offre une autre originalité. Toute maison est ornée de deux et quelquefois de quatre lanternes de couleur. Chaque Chinois marche armé de la sienne, attachée au bout d'un bâton.

La pyrotechnie est très-cultivée en Chine; l'agencement des couleurs est, chez ce peuple, de goût inné, car toutes ces constellations offrent une symétrie de tons bizarres et cependant s'harmoniant avec un art exquis.

J'ai dit que l'air du soir était dangereux à Hong-Kong ; plus dangereux encore sont les rôdeurs de nuit, car, malgré les nombreux policemen anglais qui parcourent les rues, les vols et les assassinats y sont extrêmement fréquents. Le bas peuple est à Hong-Kong le ramassis de tous les individus les plus pervers, les plus dépravés et les plus honteux du Céleste-Empire.

La ville se trouvant située dans une île qui appartient aux Anglais, tout Chinois qui touche ce territoire est placé sous la protection du pavillon britannique, et voilà pourquoi le gouvernement de la reine a le bonheur de protéger tous les forçats chinois en rupture de ban, assassins coutumaces, voleurs et autres gibiers de la cangue et du pal.

Et pourtant c'est une très-jolie et très-agréable ville que Hong-Kong.

CHAPITRE IV

Macao. — Le fleuve. — Les bateaux de fleurs. — Les sybarites. — Les îles Chiu-sang. — Shang-haï. — Types. — Les rebelles. — Aperçu historique sur l'insurrection des Taÿ-pings.

A très-peu de distance de Hong-Kong, nous trouvons Macao. C'était autrefois le centre de toutes les grandes opérations anglaises en Chine; actuellement, cette ville n'a plus d'importance commerciale, mais elle est encore le rendez-vous de toutes les missions religieuses. C'est un faubourg de jésuites. Les Portugais y ont conservé cependant un très-bel établissement universitaire et un musée d'histoire naturelle, de sciences et d'art, qui possède de nombreuses merveilles.

Quoique, ou parce que tout cela, la ville est certainement la plus triste, la plus lamentable, en un mot la ville la plus portugaise qu'il soit donné à un voyageur de rencontrer.

Je plains sincèrement ceux qui ont le malheur d'être condamnés à y vivre, et je ne crois pas exagérer en ajoutant : à y mourir. Les morts doivent avoir un spleen compliqué de nostalgie dans ce pays-là! Dieu me donne le ventre d'un requin pour cimetière plutôt que d'être inhumé en cette terre!

En quittant Macao, et en remontant un fleuve nommé *Tchu-Kiang* en chinois, et que nous appelons le fleuve des Perles, puisque nous sommes convenus que tous les cours d'eau qui sillonnent les possessions du Fils du Soleil doivent avoir ou une couleur particulière ou une originalité d'appellation quelconque, nous nous dirigeons vers Canton, la seule station, où jusqu'à cette époque, les Européens et spécialement les Hollandais aient eu accès.

Ce parcours est rempli d'agréments; la vie y est exubérante. Des navires de fort tonnage peuvent s'aventurer très-loin sur cette rivière, dont le lit est profond. A moitié route, nous ne rencontrons plus que des jonques, qui transportent, jusque dans Canton même, les produits européens. Aux abords de Canton, la rivière est sillonnée de petits bateaux conduits par des femmes.

Elles sont d'un ravissant aspect, ces petites flottilles chinoises! Généralement chacune de ces jonques sert d'asile à une famille tout entière, qui ne connaît point d'autre habitation que ces maisons flottantes. On y naît, on y vit, on y meurt. Tout le monde travaille à bord selon ses forces, depuis l'enfant jusqu'au vieillard. Les Chinois, je le répète, sont les gens les plus laborieux qui se puissent voir. Dès que l'enfant peut faire deux mouvements, il essaye d'être utile à la communauté.

Rien n'est curieux comme ces milliers de barques qui sillonnent le fleuve, se croisant en tout sens, en long, en large, sans que jamais il arrive le moindre accident, ce qui prouve la rare adresse des mariniers chinois.

Ce ne sont que cris assourdissants, interpellations de bord à bord, à propos du plus futile incident, car l'un des caractères distinctifs de la nation chinoise est une loquacité infatigable.

La ville de Canton a une étendue immense, mais les rues y sont tellement étroites que trois personnes auraient beaucoup de peine à y passer de front, et encore à condition que leur embonpoint n'excède pas celui d'honnêtes bourgeois. Une paire de ces poussahs, qui sont si nombreux dans ce pays, ne saurait y pénétrer.

Canton est devenu le véritable entrepôt des provinces méridionales de l'empire du Milieu. Les maisons de thé (qui remplacent nos cafés) y sont très-nombreuses ; on y voit le Chinois fumer gravement sa pipe : c'est le seul moment où il soit grave, et, sa pipe d'opium achevée, s'il ne tombe pas dans un profond état d'hébétude, il reprend de plus belle sa causerie bruyante et gesticulative.

Les Chinois sont d'excellents mimes.

Ce qui laisse considérablement à désirer, ce sont les restaurants en plein vent, qui exhalent une odeur tellement nauséabonde, que, dans les premiers temps de son séjour, l'Européen en est écœuré au point de perdre l'appétit.

Ces ragoûts, ces fritures de toute espèce de viandes, manipulées dans l'huile de ricin, — que le Chinois préfère à toute autre, — feront bien vite comprendre quel dégoût vient vous saisir, et cependant le Chinois est d'une propreté extrême, on peut se fier à lui sur ce chapitre. Il est très-sobre, un seul plat, un peu de riz, mêlé de l'éternelle sam-chow (eau-de-vie de riz), une tasse de thé brochant sur le tout, et cela répété deux fois par jour, — voilà ce dont, à très-peu d'exceptions près, se compose son repas.

L'existence fastueuse à Canton se passe principalement sur la rivière, c'est là surtout que le voyageur peut étudier les mœurs de ce peuple légendaire.

Le soir, après la journée, laborieusement employée, chacun va demander au fleuve un air plus pur et plus frais, et se laisse indolemment bercer sur des jonques appelées *bateaux de fleurs*. Entouré de ses concubines, — car la bigamie existe dans les mœurs, — le Chinois de la classe aisée cherche à trouver, dans les parfums des fleurs qui l'entourent, dans les caresses des courtisanes, dans l'enivrement fatal de l'opium, l'oubli des maux dont, selon les préceptes de Confucius, il se croit perpétuellement menacé.

Ces bateaux, dont quelques-uns sont à la disposition de l'étranger curieux, sont parfois d'un luxe excessif;

la chambre qui se trouve sous le pont est construite en bois d'érable ou de palissandre; elle est tapissée d'étoffes moelleuses, et meublée de grands fauteuils de bambous, renversés à la façon de nos chaises longues. Ces fauteuils, posés sur deux demi-cercles, vous balancent mollement et sont très-commodes pour la rêverie. Une lumière doucement tamisée aide encore à cette somnolence, et, quand on a goûté toutes ces délices, on comprend de combien le Chinois nous surpasse en raffinements et en sybaritisme.

De jeunes garçons conduisent la barque en chantant, et de jeunes femmes les accompagnent sur des guitares avec ce rhythme lent et monotone qui fait le fond de presque toute la musique chinoise.

Pendant ce temps, le seigneur et maître boit le sam-chow, qui verse l'ivresse, croque la graine de pastèque, qui redonne la force, et dévore le jet de bambou, qui ravive le goût blasé.

C'est encore là que le riche Chinois déguste ces potages fameux, aux nids d'hirondelles et aux feuilles de roses, connus de réputation seulement, et mal appréciés par nos Apicius européens.

Il est excessivement rare qu'un Chinois de condition ne possède pas en propriété un de ces bateaux, sur lequel il réunit ses amis, qu'il invite en leur envoyant la veille de grandes cartes de visite sur papier rose vif; il en résulte que, dans cette ville de quinze cent mille habitants, la rivière de Canton est, à partir du soir, le lieu d'une fête permanente.

Nous quittons bientôt Canton, et nous revenons à

Hong-Kong, juste à temps pour monter à bord du steamer *le Pékin*, qui va continuer sa route et nous conduire à Shang-haï.

De Hong-Kong à Shang-haï, le trajet dure trois jours. Nous laissons à notre gauche les îles Chiu-sang. C'est le repaire de tous ces pirates qui, pendant si longtemps, ont désolé les rivières de la Chine qu'ils remontaient audacieusement. Les Anglais, d'accord avec les Français, ont envoyé quelques troupes de débarquement et quelques pyroscaphes, pour nettoyer une bonne fois ces nids de gredins.

Le succès paraît devoir être complet, et, dès aujourd'hui, la sécurité est beaucoup plus grande dans ces parages.

Nous avons à bord, parmi nos nouveaux compagnons, deux officiers français, l'un appartenant à l'armée de terre, l'autre à l'infanterie de marine.

Bientôt nous arrivons à Woo-sung, petit port à l'entrée de la *rivière de Shang-haï*, — ainsi nommée par les Anglais, quoique, en réalité, ce soit le Wam-poa ou Yan-tse-kiang. — On trouve généralement dans cette anse des bateaux qui vous conduisent en deux heures à Shang-haï; un petit steamer, *le Météore*, faisait même régulièrement ce trajet, mais, au moment où nous arrivons, il était affrété pour le service du gouvernement français.

Je trouve néanmoins passage sur un bateau appartenant à M. le directeur des douanes à Shang-haï, et, comme mon bagage est des plus légers (on n'a pas dû l'oublier!); je n'ai aucune raison d'attendre que le bâtiment de la Compagnie ait déchargé ses marchandises à Woo-sung. Je pars donc, abandonnant absolument, cette fois, *le Pékin*, sur lequel je viens de faire à peu près deux mille lieues.

Shang-haï, lors de mon arrivée, ressemble à un véritable port de guerre. L'entrée de la rivière est occupée par la flotte française ; la concession anglaise est encombrée par les troupes de débarquement. Le fleuve est parsemé de transports anglais, portant en gros caractères les numéros des régiments qu'ils convoient. Dans la concession française règne la même activité : ici des régiments de ligne, là des gendarmes. J'ai pu me faire un instant illusion et me croire transporté dans un coin de la France militaire.

Quoique, par suite de mon naufrage, mes projets commerciaux soient considérablement modifiés, mon désir pourtant est de demeurer à Shang-haï si cela m'est possible, mais il me faut attendre des nouvelles de France. Dans mes pérégrinations, je n'ai pas rencontré la pierre philosophale, ma bourse est toujours d'une vacuité désespérante. Il faut prendre une prompte détermination.

Sans me préoccuper autrement de la ville de Shang-haï, qui peut, d'ailleurs, être embrassée d'un seul coup d'œil, du moins dans son ensemble, je cours au plus pressé : j'ai, par bonheur, une lettre de recommandation pour M. le général de Montauban, et je me rends auprès de lui. Il me présente à MM. R. S., négociants français chez lesquels il loge, et auxquels aussi M. de Montigny a parlé en ma faveur. Je rencontre à mon égard les meilleures dispositions, et le soir même, je suis installé dans une excellente chambre.

Enfin ! ! !

Pour le moment, du moins, me voilà à l'abri des préoccupations matérielles, qui sonnent dans l'estomac à midi et à six heures. — Attendons l'avenir.

C'est une vraie ville chinoise que Shang-haï, on ne peut s'y méprendre ; les Chinois y sont bien chez eux et nous les importunons fort peu, les trois concessions, française, anglaise et américaine, étant situées sur le bord de la rivière, à un mille à peu près de la ville, qui est entourée de hautes murailles.

Shang-haï, comme toutes les cités chinoises, est un labyrinthe de petites rues étroites et fangeuses, dans lesquelles grouille une population de soixante mille habitants.

Elle est entourée de fossés assez larges, où croupissent, depuis des siècles probablement, sans qu'on ait songé à les assainir, des eaux verdâtres encombrées d'immondices et de corps d'enfants.

En été, beaucoup de Chinois viennent sur les bords de ces fossés chercher la *fraîcheur*, sans que l'odeur putride qui s'en dégage semble les affecter en rien. Cela me fait supposer que leur odorat n'est pas développé de la même façon que le nôtre, qui doit leur paraître bien susceptible.

Il y a quelques maisons de construction remarquable à Shang-haï; quelques-unes ont d'assez beaux jardins, presque exclusivement réservés à la promenade des dames.

En Chine, les femmes sortent peu ou point; leurs

pieds, déformés par la mutilation qu'on leur fait subir dès la plus tendre enfance, leur interdit la locomotion pédestre. Dans leur intérieur même, pour se rendre d'un endroit à un autre, elles en sont réduites à une sorte de gymnastique qui paraît douloureuse, car elles ont l'air de sauter et non de marcher.

Au point de vue physique, les femmes de Shang-haï sont loin de ressembler à celles de Canton, dont la beauté, sans être parfaite, n'en existe pas moins. Les Chinoises de Shang-haï sont laides : leur visage est sans expression et sans intelligence.

Au moment où j'y arrive, la ville offre un aspect assez bizarre; le quartier général de M. de Montauban en fait une place de guerre.

La campagne est presque entièrement occupée par les rebelles de Nan-king, qui, suivant à la lettre le plan qu'ils se sont tracé, continuent lentement leur marche à travers le pays, avec la ténacité que tout Chinois sait mettre à l'accomplissement de l'œuvre qu'il a entreprise.

Cette insurrection, que des relations nouées avec des missionnaires américains m'ont mis à même de voir de très-près et de pouvoir juger, est la révolte la plus formidable et la plus gigantesque qu'il soit possible d'imaginer (1).

Pour bien la comprendre, et surtout pour bien juger d'où provient cette force, qui, tôt ou tard, deviendra

---

(1) Ces lignes étaient écrites en 1861, mais l'opinion de l'auteur n'a pas changé.

irrésistible et renversera fatalement le pouvoir existant, il faut savoir d'abord que les rebelles sont les représentants de la légitimité chinoise, les *autochthones*, voulant faire disparaître l'usurpation des Tartares Mandchoux, d'où sont issus les aïeux des gouvernants actuels. L'usurpation remontant à 1694, la véritable dynastie chinoise serait, d'après les insurgés, la dynastie des Mings ; or les rebelles prétendent que le chef au nom duquel ils agissent est un descendant en ligne directe du dernier empereur de la dynastie des Mings, qui s'appelait Chin-Tsong.

L'usurpation tartare est accusée d'avoir plongé la Chine dans l'état où elle se trouve aujourd'hui. Dans le principe, le but des usurpateurs était, et est encore actuellement, de faire disparaître, partout où il se rencontre, l'élément chinois, pour le remplacer par l'élément tartare, de sorte qu'ils en sont arrivés à composer une Chine qui, au dire des rebelles (les Tay-pings, comme on les appelle), n'est plus ni la Chine d'autrefois ni la Chine telle qu'elle devrait être.

Obligés, par la force des choses, de chercher à s'assimiler, au début, ce qu'il pouvait y avoir d'intelligences dans le peuple primitif, les Tartares comptèrent dompter les Chinois et peu à peu faire accepter leurs mœurs, leurs coutumes, leur religion.

Une infime minorité consentit ce pacte, mais l'énorme majorité de la nation protesta.

Voilà pourquoi, aujourd'hui, ceux qu'on nomme les rebelles affirment, au contraire, être la véritable représentation de l'esprit public.

Est-ce sans raison que cette opinion est formulée?

Voilà la question, elle est complexe. S'il ne s'agit que d'une généalogie, le premier point est facile à résoudre; s'il faut débattre une prise de possession, ce second point est plus grave, car, on l'a vu de tout temps, ce n'est pas toujours le bon droit qui triomphe.

Partie des montagnes de la Mongolie, l'insurrection, armée *au nom de Dieu*, s'est placée sous le commandement du véritable descendant des anciens empereurs de la Chine.

Cette troupe d'hommes, d'abord peu nombreuse, parvint à rallier à peu près toutes les populations au milieu desquelles elle passa, procédant par la destruction des images des faux dieux, des idoles de toutes sortes, dont les bonzeries sont pleines, les remplaçant par un Dieu unique se rapprochant ainsi davantage de la doctrine chrétienne. Ce n'est pas tout : les rebelles faisaient disparaître, à mesure qu'ils avançaient, tout ce qui se rattachait à ce qui, pour eux, est l'élément subversif; ils laissaient un gouvernement organisé dans chaque district et battaient les impériaux dans toutes les rencontres.

Braves, courageux, marchant sous l'étendard d'une foi vive, pleins de la sainteté de leur mission, leur petite troupe a fini par devenir imposante : deux millions d'individus sont rangés sous leur bannière, et ils sont admirablement commandés.

C'est avec de tels éléments que cette formidable insurrection se présenta pour la première fois devant les armées alliées.

Au premier bruit de son apparition dans la campagne de Shang-haï, les habitants, poltrons pour la plupart, vinrent immédiatement se réfugier sous les drapeaux de l'armée d'occupation. La concession elle-même fut saisie d'effroi, ne sachant au juste à quel ennemi elle avait affaire. D'un commun accord, les postes chinois furent successivement occupés par les Français et par les Anglais.

Une députation fut alors envoyée par les rebelles auprès des représentants de France et d'Angleterre.

Ces parlementaires demandaient purement et simplement l'occupation de Shang-haï par leurs troupes et le renversement du gouvernement établi.

Ils offraient en même temps de respecter les concessions européennes, de n'entraver en aucune façon les transactions entre les Chinois trafiquants et les étrangers, de les protéger même ; ils allaient, enfin, jusqu'à offrir l'ouverture libre de tout le territoire qu'ils avaient conquis à toutes les nations occidentales, sans distinction, et avec toutes les garanties de protection qu'on croirait devoir exiger.

A l'appui de cette assertion, je puis citer la courageuse conduite de deux négociants français, MM. Buissonnet et Raynard, qui, seuls, ne craignirent pas d'aller commercer au milieu des rebelles, et qui ne furent nullement inquiétés.

Évidemment, la situation était embarrassante pour les représentants de la France et de l'Angleterre. D'un côté, l'insurrection, qui combattait et amoindrissait l'élément que nous allions combattre, venait spontanément à nous pour offrir paix et alliance ; de l'autre, en admettant ces ouvertures, c'était autoriser à s'établir auprès des concessions européennes une force sur laquelle on n'avait, en réalité, que des notions très-vagues.

Les Américains s'étaient ouvertement prononcés pour les rebelles. Ont-ils eu raison? L'avenir décidera.

Les Anglais étaient partagés d'opinion, mais les missionnaires jésuites hâtèrent la solution de cette question par les renseignements, *faux* ou *vrais*, qu'ils donnèrent au chef de l'armée française, et il fut décidé que l'on repousserait l'insurrection de la campagne de Shang-haï.

A partir de cet instant, la ville fut sous le coup d'alertes continuelles.

Sur ces entrefaites, le général de Montauban était parti de Shang-haï, n'y laissant qu'une compagnie d'infanterie de marine, appartenant au 2ᵉ régiment, commandée par un lieutenant-colonel, quelques gendarmes, et une garde nationale qui commençait à s'organiser dans la concession française. Les Anglais, de leur côté, faisaient leurs préparatifs. Vers la fin du mois de juin, une grande attaque fut tentée par les rebelles, dont on avait repoussé les avances, mais qui n'en étaient pas moins décidés à poursuivre le plan qu'ils s'étaient tracé.

Cette tentative échoua, et les rebelles durent se retirer ; la campagne redevint à peu près libre, et la tranquillité fut moins troublée.

Comme il était impossible de poursuivre les assaillants, à cause du petit nombre d'hommes dont les Européens pouvaient disposer, on ne put que leur faire subir des pertes insignifiantes, eu égard à leur force numérique.

Malheureusement pour nous, les rebelles avaient connaissance des sources d'alimentation où venaient puiser les concessions, et ils se livrèrent, à partir de ce jour, à la dévastation et au pillage, interceptant tous les courriers et tous les convois, de sorte qu'ils arrivèrent à jeter un trouble considérable dans les affaires et dans l'approvisionnement des possessions européennes.

Plus tard, nous combattions au Ta-ku, et nous faisions disparaître nous-même l'armée impériale, que, sans notre triomphe, les rebelles auraient eue à combattre.

Cette situation frappe par un côté anormal.

D'une part, nous cherchions à vaincre l'insurrection, qui nous offrait un puissant appui dans les provinces du sud, les seules productives pour le commerce européen, et, d'autre part, nous aidions nous-mêmes au progrès de cette insurrection, en détruisant ses ennemis naturels.

En toute chose, il faut cependant bien avoir une logique; pour mon compte, je n'ai pas encore compris celle-là.

Quoi qu'on fasse, par les traités ou par les armes, ceci est ma conviction profonde, formée par l'étude des faits, par la connaissance des mœurs, étudiées dans le pays même, la Chine sera demain ce qu'elle était hier.

5.

Nous n'effacerons pas les traditions du passé; la poignée d'Européens qui s'y est provisoirement maintenue fera d'héroïques, mais d'impuissants efforts pour changer l'état des choses, tant qu'elle ne cherchera pas un appui solide dans cette gigantesque révolution qui, commencée depuis plus d'un siècle et demi, va se fortifiant d'heure en heure, et entraînera infailliblement la chute de la dynastie tartare.

Je n'ai pas la prétention de parler en homme politique, mais il m'a été donné de voir, je dis ce que j'ai vu, et si je me permets de tirer de mes observations une conséquence, il n'y a rien là que de très-légitime, et je puis le faire sans violer les règles de la modestie. Au reste, je ne mets en ceci aucun amour-propre, je laisse à des gens plus compétents que moi le soin de déclarer si j'ai tort, et je ne donne cette opinion personnelle que pour ce qu'elle vaut.

Pour en finir avec cette question, je vais essayer de résumer, en quelques mots, la situation des rebelles vis-à-vis des impériaux.

Lorsque la dynastie tartare s'empara du pouvoir en Chine, elle obligea la population vaincue à subir les usages qu'elle amenait avec elle. La première preuve de soumission que les Tartares exigèrent fut le sacrifice de la chevelure au profit de cette fameuse queue, devenue si célèbre depuis.

Les rebelles se distinguent précisément par l'abondance de leurs cheveux; de là cette appellation par laquelle les impériaux les désignent : *hommes chevelus*.

Le but des Mérovingiens de la Chine est de prendre

possession de la *ville sainte*. Tous les efforts tendent là.

Pékin une fois au pouvoir de la révolution, le palais de la vieille dynastie, abattu par l'invasion tartare, sera réédifié, le fils du dernier empereur légitime sera replacé sur son trône; les Tartares seront refoulés dans leur pays, et l'insurrection aura accompli son œuvre. Peut-être alors une nouvelle ère de prospérité surgira-t-elle.

Faut-il croire au réveil de cette civilisation endormie depuis tant de siècles? Pourquoi non? La Chine actuelle ne prouve-t-elle pas au monde qu'elle est à cette heure et depuis longtemps en léthargie? Le temps répondra.

Pour moi, malgré certaines sympathies qui me font désirer le triomphe des rebelles, je n'ose rien préjuger. Tout homme sincère m'approuvera s'il songe que cette contrée immense est composée d'éléments hétérogènes dont, en somme, il est encore impossible de chercher et de trouver la vraie signification.

Au reste, si l'influence de la civilisation occidentale peut parvenir à s'implanter (et je ne dis pas que la chose soit irréalisable) dans ce pays généreux et fort, il en découlera des conséquences de nature à porter l'étonnement dans le monde entier.

CHAPITRE V

Départ de Shang-haï. — *La Princesse Charlotte*. — Tien-Tsin. — Nangasaki. — Les Hollandais, histoire des premières relations avec le Japon. — Les Chinois diplomates. — Costumes japonais. — Les Japonaises. — Les chevaux du Japon.

En considérant les choses d'un point de vue moins général et moins abstrait, c'est-à-dire en me reportant à mes impressions personnelles, voici en quelques mots ce que j'ai pu remarquer à Shang-haï, et ce qui m'a le plus frappé :

La vie y est d'une tristesse mortelle.

Les Anglais ne voient point les Français, qui, eux-mêmes, se voient peu entre eux.

Les Américains font mieux, ils ne voient personne.

Et cela se conçoit.

Les Européens qui habitent ce pays n'y résident généralement que sollicités par la soif du gain. Courbés continuellement sous le poids écrasant d'énormes affaires, leur esprit se concentre d'une manière presque absolue dans leurs spéculations mercantiles. Il ne leur reste même plus le désir de se composer une société, qui ferait perdre un temps dont ils connaissent d'autant mieux la valeur qu'ils passent sous ce climat dangereux les plus belles années de leur vie, sans autre perspective que d'y mourir, ou bien de revenir dans la patrie, riches quelquefois, malades toujours.

Cependant, un mois s'est écoulé depuis mon arrivée à Shang-haï; ce temps s'était passé avec une rapidité excessive, mais sans améliorer ma position. Je n'avais pas encore reçu de nouvelles d'Europe, et je me trouvais toujours à la charge de la maison qui m'a si obligeamment accueilli; car je ne pouvais lui rendre que peu de services, les affaires étant devenues nulles et le mouvement s'étant porté sur Tien-Tsin.

On comprend que cette position commençait à m'ennuyer fort.

Enfin, on me proposa de me rendre à Tien-Tsin, pour de là m'embarquer à destination de Nangasaki, ville du Japon, située juste en face de Tien-Tsin, et d'où je devais ramener des chevaux achetés pour le compte du gouvernement français.

C'est une diversion que je considérais comme d'autant plus heureuse qu'elle me fournissait l'occasion de me rendre au moins une fois utile.

La Princesse Charlotte, navire hollandais, allait partir. Je prends passage, et je me retrouve encore une fois en mer; seulement ce n'était plus sur un de ces beaux steamers de la Compagnie péninsulaire orientale. C'est un trois-mâts-barque d'un tonnage de 250 tonneaux, monté seulement par quatre hommes.

Je suis le seul passager.

Vers le mois de juin, les mers de Chine commencent à devenir menaçantes; je dois bientôt en avoir la preuve.

Dans cette saison, les redoutables typhons, ces déchaînements des vents les plus terribles, qui, en un instant, rasent les navires du plus fort tonnage, sont à craindre, et bientôt notre pauvre petit bâtiment, enveloppé tout entier par l'ouragan, se met à tourner, tourner encore d'une façon vertigineuse ; on eût dit une force invincible saisissant le navire à la cime de ses mâts, qu'il ne tarde pas à briser, et le faisant pivoter absolument ainsi que font les enfants avec le joujou qu'ils appellent *toton*.

Jamais je ne m'étais figuré semblable spectacle!

Pendant deux jours entiers, nous subissons cette épouvantable tourmente, dont ne peuvent se faire une idée ceux qui n'en n'ont pas été témoins.

Qu'on se représente une colonne d'air, touchant par son extrémité inférieure la surface de la mer, et couronnée à son sommet d'un nuage noir comme de l'encre, qui contient dans ses flancs une masse énorme d'électricité; voyez cette colonne tourbillonnant sur elle-même dans l'atmosphère avec une prodigieuse rapidité, versant tout à la fois des torrents d'eau et laissant échapper des éclairs aveuglants. Quelques unes de ces trombes s'avancent si vite qu'il est souvent impossible de leur échapper. Un autre phénomène accompagne celui-ci, et il faut l'attribuer à la raréfaction de l'air : l'eau, violemment aspirée, s'élève en forme de cône. Ce phénomène est moins redoutable que s'il se produisait en sens contraire, c'est-à-dire si la trombe formait un immense cornet ; alors le navire est inévitablement entraîné. Dans le premier cas, il ne court d'autre risque que le choc, et c'est encore un danger réel. Heureusement nous sommes dans cette condition ; mais, malheureusement aussi, nous naviguons au milieu des nombreux îlots qui se groupent à l'entrée du détroit de Van Diémen.

Cependant, après mille difficultés, nous parvenons à échapper au danger, et, notre navire traînant l'aile comme une mouette blessée, nous arrivons à Nangasaki. Le malheureux bâtiment est plus endommagé que les passagers ; son état nécessite des réparations graves.

Nangasaki, petite ville située sur les côtes de la mer du Japon, est le premier port qui fut ouvert au commerce européen par les Japonais. Depuis longtemps, les Japonais ont toléré une factorerie hollandaise dans une petite île que l'on appelle Décima, et qui n'est séparée de Nangasaki que par un pont.

Autrefois les Hollandais et les Portugais avaient obtenu l'autorisation de trafiquer dans toutes les îles du Japon, où leurs produits étaient même fort appréciés ; mais un jour les Portugais, ou plutôt leurs missionnaires, prétendirent se mêler à la politique du pays. C'est le vice originaire de ces gens-là ! Une conspiration, tramée contre le taïkoun ou empereur, fut découverte. Bon nombre de Portugais furent compromis. Il en résulta que le gouvernement japonais interdit l'entrée de l'empire à tous les Européens. Les Hollandais seuls, qui s'étaient tenus à l'écart, furent encore tolérés, mais à condition qu'ils resteraient internés dans l'île de Décima; et je crois inutile de dire à quelles vexations de toute nature furent soumis ces braves commerçants, dont la vertu principale est la patience.

Il leur était interdit de sortir de leur île sous quelque prétexte que ce fût, et le pont qui sépare Nangasaki de Décima devait être traversé par tout nouveau résident, en foulant aux pieds la croix !

O faim de l'or ! *Auri sacra fames* (le latin est plus énergique), bien peu refusaient de s'astreindre à cette immonde formalité. L'argent de ces humiliés était bien gagné ; il leur coûtait cher !

Les navires hollandais seuls avaient le droit d'entrer dans le port de Nangasaki; mais, dès leur arrivée, ils étaient occupés militairement par les officiers japonais ; les armes et les munitions de guerre étaient déposées à la douane, et n'étaient rendues que lorsque le bâtiment était sur le point de quitter le port.

Pauvres Bataves !

Tous les ans, le consul hollandais était tenu de rendre visite au taïkoun, à Yeddo, sa résidence. Il devait accomplir ce voyage seul, sans aucune suite, dans une chaise à porteurs exactement fermée, et chaque Japonais avait ordre de se cacher sur son passage; toute maison devait clore ses issues, afin que, ni du dedans, ni du dehors, rien ne pût être vu par l'étranger!

Aucune transaction entre les Japonais et les Hollandais ne recevait de conclusion sans avoir préalablement été débattue et réglée par des officiers du gouvernement désignés à cet effet.

Quant aux femmes japonaises, il est bien entendu qu'aucune d'elles ne pouvait entrer dans la concession, sous aucun prétexte.

C'est ainsi que pendant trois siècles, en acceptant cette honteuse vassalité, les Hollandais ont pu se maintenir dans l'empire japonais, où ils étaient traités à peu près avec les mêmes égards que ceux qu'on observait vis-à-vis des lépreux, au moyen âge.

Il ne leur manquait guère que la clochette d'airain scellée au col.

Après le traité de Tien-Tsin, conclu entre la France, l'Angleterre et la Chine, en 1859, par le baron Gros et lord Elgin, cette situation dut changer. Au reste, la voie avait déjà été ouverte par les Américains, représentés par le commodore Perry, qui avait établi une convention entre le Japon et son gouvernement, l'année précédente; mais il avait eu de grandes difficultés à vaincre. Ceci se passait sous le règne du taïkoun Yeseda, fils de Minamoto-Yeoschi; ce taïkoun était presque idiot, et la régence appartenait au Daïmios Ikammiono Kami, homme réputé habile. Bientôt Yeseda mourut, et après de grands débats, il fut remplacé par le fils du prince Kioussou, qui monta sur le trône sous le nom de

Minamoto-Yemotschi; et ce fut lui qui signa le traité entre la France et l'Angleterre.

Dans ce traité signé par le baron Gros et lord Elgin, nous obtenions préalablement l'ouverture de trois grands ports pour le commerce européen. Le premier désigné fut le port de Nangasaki, dans l'île de Kiu-Siu; le second, dans la baie de Yeddo, fut celui de Yoko-Hama, dans l'île de Niphon, partie principale de l'empire; et le troisième, celui d'Hakodade, dans l'île de Jesso.

Successivement devaient s'ouvrir la ville de Yeddo, capitale du Japon, où les consuls établirent immédiatement leur résidence, et la ville d'Osaka, port de la mer intérieure, qui conduit de la mer de Chine à celle du Japon, en côtoyant tout le nord des îles Kiu-Siu et Sikok.

La Hollande et enfin le Portugal signèrent bientôt un semblable traité. Bien avant ces conventions, les Russes, à cause de leur proximité avec le Japon, avaient obtenu de bâtir un petit port à Nangasaki, et, dans l'intérieur du port, ils s'étaient fait aménager un emplacement pour leurs navires de guerre, qui sillonnent continuellement les mers de la Chine, du Japon et l'océan Pacifique.

Nangasaki, dont l'accès est libre maintenant à tous les Européens, est divisée en quatre grands quartiers, ou, si mieux on l'aime, en quatre concessions.

Les Chinois n'en sont point exceptés. Du reste, de temps immémorial, ce peuple industrieux a trafiqué avec les Japonais, sans aucune espèce de soutien de la part de son gouvernement.

Nangasaki, notons-le en passant, est la seule ville où les Chinois, profondément méprisés par les Japonais, soient tolérés.

A propos de ce dédain, on cite un fait assez curieux, qui se passa quelque temps après la signature de notre traité avec le Japon.

Les Chinois, en ayant eu connaissance, devinrent jaloux et voulurent à toute force nous imiter. Le mandarin qui commandait à Shang-haï dépêcha à Yeddo le steamer *le Confucius*, acheté aux États-Unis, et pour le commandement duquel le gouvernement chinois avait débauché un capitaine yankee assez mal famé, qui fut promu au grade d'amiral. La flotte qu'il commandait n'était composée que d'un unique steamer. Cet amiral reçut l'ordre de conclure un traité avec le Japon. A cet effet, il s'équipa d'un costume complet de commodore et se présenta avec ces insignes devant le yakounine, officier chargé de recevoir les étrangers.

Le but de sa mission lui fut demandé; il avait arboré des couleurs européennes, et point du tout celles du pays qu'il représentait.

Les Japonais s'aperçurent de la supercherie, et il fut répondu à cet étrange embassadeur qu'il eût à quitter le port au plus vite, sous peine de voir son navire coulé bas par les canons du fort. La *flotte* chinoise dut alors se retirer, heureuse d'en être quitte à si bon marché.

Ceci peut paraître bizarre. En effet, le Japon ne possède guère qu'une population de 35,000,000 d'habitants, tandis que la Chine offre un chiffre décuple de ce nombre. Logiquement, la supériorité devrait appartenir à cette dernière nation ; mais il n'en est rien.

La raison de ce fait anormal, c'est que la civilisation japonaise est à cent coudées au-dessus de la civilisation chinoise.

Revenons à Nangasaki : le port en est large et superbe ; la ville se présente entière au coup d'œil du voyageur, et, tout au contraire des villes chinoises, il y règne une propreté et un luxe auxquels je n'étais plus habitué.

Rues larges, parfaitement entretenues, merveilleusement macadamisées, maisons propres, très-élégantes et très-légères, en bois très-bien travaillé. De temps à autre, quelques habitations plus considérables, bâties en plâtre, badigeonnées et blanchies à la chaux, tel est l'aspect de Nangasaki.

Les habitants sont généralement vêtus d'étoffes légères, rappelant par la coupe nos peignoirs de bains, mais ils sont serrés à la taille par des ceintures de soie. Ils ont aux jambes des bas en fil blanc, et, pour chaussures, une simple sandale de paille. Quand il pleut, ces sandales sont superposées sur deux morceaux de bois de dix centimètres de hauteur environ.

Le costume des femmes est plus pittoresque que celui des hommes. Les étoffes sont de couleurs plus variées ; les ceintures de soie, très-larges, dont elles s'entourent la taille et qui descendent jusqu'aux genoux, sont attachées de telle sorte qu'elles obligent les femmes à marcher les genoux en dedans, et comme, outre cela, elles sont montées sur des sandales très-hautes, il leur devient extrêmement difficile et pénible de faire un trajet même fort court. Au Japon comme en Chine, le rôle féminin est excessivement restreint. Cependant la femme jouit d'une indépendance sans limites jusqu'au jour où elle se marie; mais, à partir de cet instant, sa personnalité est entièrement absorbée dans celle de l'époux, qui est le maître; femme de ménage et nourrice tour à tour, elle n'a aucune autorité dans les affaires de la maison; quant à l'homme, il conserve, dans quelque état qu'il soit, célibataire ou marié, toutes ses libres allures. Néanmoins il reste le plus souvent dans les bornes de la convenance et même de l'amabilité vis-à-vis de sa compagne, car le concubinage est à peu près inconnu au Japon, au moins d'après ce que j'ai pu voir.

Le vêtement d'une femme indique parfaitement quelle est sa position, — si elle est dame ou fille, vierge ou mère. — Si elle est vierge, derrière l'écharpe énorme qui lui ceint les reins, s'ajoute un petit sachet; si elle ne l'est point, le petit sac disparaît; en dernier lieu enfin, quand elle est en puissance de mari, elle noircit ses dents, qui sont généralement fort belles. C'est un symbole qui signifie qu'à partir du jour où elle s'est donnée entièrement à l'homme de son choix, tout désir de plaire doit disparaître en elle, et le moyen est assez bien trouvé, car rien n'est plus hideux que la vue de ces femmes, jeunes encore pour la plupart, ayant dans la bouche une rangée de dents de l'ébène le plus pur. Cette coloration s'obtient au moyen de matières fécales carbonisées, formant une poudre d'un noir brillant, à laquelle on ajoute une substance mucilagineuse. Cette composition ne détruit nullement l'émail dentaire, sur lequel elle n'a aucune action.

Je restai peu de temps à Nangasaki, mais le hasard devait me ramener encore au Japon. J'aurai donc l'occasion de m'étendre plus longuement sur l'histoire, les mœurs et les coutumes de ce pays si intéressant; en effet, quelques jours après mon arrivée à Nangasaki, je repartais à bord du *Kate-Hooper*, navire marchand américain, et j'accompagnais un convoi de chevaux au Petcheli, où je retrouvais l'armée parfaitement installée.

Ces petits chevaux japonais faisaient merveille et excitaient surtout l'admiration des Anglais ; ils avaient été payés en moyenne environ 320 francs pièce, prix fort peu élevé. Malheureusement deux traversées désastreuses les avaient mis dans un état déplorable : cependant les soins intelligents que nos soldats leur donnèrent les remirent assez promptement en état, et notre artillerie eut bientôt la supériorité, grâce à son admirable organisation, sur l'artillerie anglaise.

Après la prise des forts du Ta-Ku, à laquelle je n'eus pas le plaisir d'assister, je repris la route de Yeddo, à bord du steamer de la marine militaire des Indes, *la Bérénice*, avec la mission de tenter ensuite l'exploration du Kamchatka et des provinces de l'Amoor. J'étais chargé, par une grande maison de commerce établie en Chine, d'examiner, au point de vue commercial, ce qui pourrait être utilement tenté dans ces lointaines contrées.

Les circonstances toujours exceptionnelles dans lesquelles je continuais à me trouver placé m'engagèrent à accepter les ouvertures qui m'avaient été faites. D'ailleurs, ainsi que je l'ai dit dès le début de ce récit, je n'avais pas entrepris un voyage semblable à celui que j'avais déjà accompli, dans un seul but de plaisir; donc, comme je *n'étais pas là pour m'amuser*, je le voyais bien! ma résolution ne se fit pas longtemps attendre, et je partis.

Cependant la saison n'était guère favorable; nous étions au mois de juillet, et j'apprenais que la navigation pour ces ports lointains se fermait à cette époque, la mer d'Okhotsk commençant à charrier dans les premiers jours d'août. Cette considération ne pouvait m'arrêter, tant j'étais désireux de rétablir cette fortune qui m'avait une première fois délaissé en France, et qui, une seconde fois, avait été engloutie sur les côtes de Ceylan.

CHAPITRE VI

La *Bérénice*. — Voyage d'exploration. — Osaka. — La rade de Yeddo. — Kana-gawa. — Yoko-hama. — Assassinat de deux capitaines. — Les premières transactions au Japon. — Coup d'œil historique et politique. — Le prince Mitto. — Le peuple. — La langue.

Mon voyage du Petcheli à Yeddo ne se présenta pas sous de favorables auspices. D'abord nous fûmes assaillis, dans la mer de Corée, par un épouvantable ouragan qui brisa notre misaine, mais cela me produisit un effet médiocre, car j'étais déjà habitué aux caprices des mers de Chine. Le bâtiment, du reste, était parfaitement monté. L'équipage se composait, moitié de Singalais, moitié d'Anglais, tous bons matelots; les officiers étaient excellents, et le commandant fort distingué. Le navire avait reçu l'ordre de franchir le passage de la mer intérieure, ou Sivo-Nada, dont j'ai précédemment parlé. Ce passage, inexploré jusqu'alors, offrait au commandant de sérieuses difficultés, tout en possédant un énorme attrait pour l'explorateur. Ces difficultés naissent surtout du grand courant qui va de l'est à l'ouest qu'il faut remonter quand on se rend de Chine au Japon. C'est dans ce courant que quelques navigateurs croient voir un dérivé de celui qui remonte au nord, le long de la côte de Formose, et qui va se confondre au nord du Japon dans les mers qui baignent les côtes Kamchadales. En effet, rien de plus perfide et de plus curieux que ce détroit. La mer, resserrée, presque durant tout le parcours, entre l'île de Sikok et celle du Niphon, offre à chaque instant quelque spectacle inattendu. Pendant la totalité du voyage, la terre est toujours en vue. Nous courons le jour seulement, la nuit on jette l'ancre, dans une crique ou dans un port, non sans prendre préalablement les plus minutieuses précautions.

En arrivant à Osaka, le capitaine s'apprêta à faire diriger un canot vers la terre; mais, avant même que ce canot fût mis à la mer, nous fûmes entourés par les barques japonaises, qui nous apportaient tout ce dont nous pouvions avoir besoin, et force nous fut de nous priver du plaisir de descendre à terre. Nous n'avons plus de motifs pour l'exiger, et les Japonais nous objectent d'excellentes raisons pour s'y opposer, l'ouverture franche du port ne devant avoir lieu, d'après le traité, que dans le courant de l'année 1864.

Deux officiers du gouvernement vinrent s'installer à

bord et consentirent à nous donner quelques renseignements sur la ville dont le panorama se déroulait sous nos yeux.

D'après leur narration, cette cité possède des richesses et des ressources immenses, l'or y est en abondance, des mines de cuivre y sont en pleine exploitation, la soie et le thé en grande quantité. La ville est administrée par un Oboungo ou gouverneur; elle est bâtie dans une plaine d'une fertilité remarquable, à l'embouchure d'un fleuve que les Japonais citent comme un des plus beaux et des plus larges de l'empire. Ce fleuve s'appelle le Iodo-Kava. Le nombre des habitants s'élèverait, nous assure-t-on, à un million; ce chiffre peut bien être exagéré, car les Japonais ont les gros chiffres très-faciles.

Osaka était autrefois la résidence des taïkouns ou empereurs; c'est donc la deuxième ville de l'empire. C'était un peu nous mettre l'eau à la bouche, et, après le récit de toutes ces merveilles, nous aurions bien voulu en juger la véracité par nos propres yeux. Mais les ordres étaient sévères, et notre commandant ne se sentit nullement l'envie de les enfreindre ; aussi, le lendemain, au point du jour, nous levâmes l'ancre.

C'est dans cette mer intérieure, placée entre les 33ᵉ et 35ᵉ degrés de latitude nord et les 131ᵉ et 136ᵉ degrés de longitude est, que j'ai vu ces sources toutes chaudes, jaillissant du fond de l'eau, sources provenant, paraît-il, de volcans en éruption. La mer aurait peu à peu envahi le territoire et formé cet énorme détroit, sans cependant avoir pu jusqu'alors éteindre la combustion sous-marine, qui se manifeste encore de distance en distance. Cette mer intérieure ou la Sivo-Nada, comme disent les Japonais, a 400 kilomètres de longueur ; parfois elle atteint une largeur de 100 kilomètres à peu près. Puis tout à coup, se resserrant brusquement, son étendue n'est plus que de 10 kilomètres. Au moment de notre entrée dans ce passage, par le détroit de Van-Capellen, la mer n'a certes pas plus de 3/4 de kilomètre de largeur. Voici les noms des quatre grandes îles volcaniques que nous rencontrons : Siodo, Navo, Nanga et Yalousiro. Ces îles semblent bien cultivées.

Je passe sous silence la ville de Simonosaki, que nous n'avons pu qu'apercevoir et sur laquelle je n'ai eu aucun renseignement. De tous côtés nous rencontrons des rochers à fleur d'eau, d'où je conclus que ce passage, qui raccourcit beaucoup la route, ne sera jamais praticable que pour les steamers, ou tout au moins pour les bateaux mixtes ; un navire à voiles se perdrait infailliblement s'il était assailli par un gros temps, et les coups de vent ne sont pas rares dans cette mer parsemée d'écueils.

Néanmoins le but principal était rempli, le passage tenté avait été parfaitement effectué, et les judicieuses et consciencieuses observations de notre commandant ne pourront qu'aider puissamment, dans l'avenir, les navires que cette route pourrait tenter.

Au bout de cinq jours de traversée, nous arrivons en rade de Yeddo. La rade se présente spacieuse, commode et sûre, dès que l'on entre dans le goulet, très-large dans toute son étendue. Elle s'étend du nord au sud sur une longueur de 40 milles à peu près.

Nous sommes accostés par un bateau, monté par des officiers japonais, et qui se détache d'un petit fortin placé à l'entrée du port. Ces fonctionnaires sont chargés de prendre le nom du navire, celui de la nation à laquelle il appartient, le nombre d'hommes qu'il porte, la nature de son armement, c'est-à-dire s'il est de guerre ou de commerce.

Ces formalités accomplies, nous passons librement, et nous jetons l'ancre dans le port de Kana-gawa, le soir étant arrivé, et le capitaine ne voulant pas entrer la nuit en pleine rade de Yeddo.

Les lettres dont j'étais porteur étant précisément pour Kana-gawa, je descendis à terre, et je me rendis chez les représentants de la maison au nom de laquelle j'entreprenais ma mission.

Les Européens ont obtenu, en dehors de Yeddo, c'est-à-dire à douze kilomètres environ de la capitale politique du Japon, la concession d'un terrain sur le bord de la mer, que les Japonais ont appelé Yoko-hama. La demeure primitive des Européens devait être Kana-gawa, mais, par sa proximité de la capitale et par sa situation géographique, cette ville mettait trop souvent les Européens en rapport avec les indigènes, et après des difficultés survenues entre eux, on les relégua à Yoko-hama, et s'y trouvant fort bien, ils demandèrent plus tard à y rester. C'est là que trois cents Européens, un tiers Anglais, un tiers Américains, un sixième Allemands, le restant Portugais, Hollandais, Suisses et Français, ont élu-domicile.

Le gouvernement japonais, qui, dans sa sollicitude obséquieuse, les a munis de tout, les a aussi pourvus d'une limite qu'ils ne peuvent franchir. Le voisinage rapproché de la capitale paraît être la cause de cette mesure.

Au moment de mon arrivée, la concession était dans le plus grand émoi. On avait enterré, quelques jours auparavant, deux capitaines de navires marchands hollandais, MM. Vos et Deker, qui avaient été assassinés en pleine rue, à huit heures du soir, sans qu'on eût pu trouver aucun secours de la part des Japonais, qui assistaient les bras croisés à cette infâme agression.

Les circonstances de cet assassinat n'étaient pas de nature à plaider en faveur des indigènes. Voici quels étaient à peu près les faits, qu'une instruction, à laquelle le gouvernement s'était prêté d'assez bonne grâce, avait recueillis.

Sortis à huit heures du consulat des Pays-Bas et sur le point de retourner à leur bord, ces deux malheureux officiers avaient été tout à coup assaillis par une troupe de forcenés appartenant à l'armée japonaise. Les cris d'alarme qu'ils poussèrent, au lieu d'attirer les naturels, les avaient éloignés.

En conséquence, ils avaient été obligés, seuls, de faire face à toute une soldatesque acharnée.

Sans doute la défense dut être héroïque, car l'autopsie, pratiquée sur les cadavres par un chirurgien d'un navire de guerre russe qui se trouvait dans le port, constata cinquante blessures sur l'un d'eux et presque autant sur l'autre. Le bras de l'une des victimes fut retrouvé à plus de cent pas du lieu de l'assassinat. Les deux corps étaient restés sur le sol jusqu'à l'arrivée d'un consul européen.

Il eût été sans doute très-facile au gouvernement japonais de se saisir des meurtriers, mais il eût fallu d'abord que telle eût été sa volonté.

L'organisation de la police japonaise ne laisse que fort peu à désirer, et, quand un crime pareil à celui que nous venons de raconter se commet, s'il reste impuni, on peut, les trois quarts et demi du temps, faire remonter jusqu'au gouvernement la responsabilité de l'impunité dont jouissent les malfaiteurs.

Une preuve que rien n'est plus facile au Japon que de se saisir d'un criminel, c'est que toutes les rues sont munies de portes aux deux extrémités ; lorsque des cris de détresse se font entendre, il suffit de les fermer, ainsi que celles des rues adjacentes, par surcroît de précaution, et les perturbateurs, pris comme dans une souricière, peuvent aisément être appréhendés par les *yakounines*, ou agents de la force publique. Il suffit pour cela que tel soit leur bon plaisir.

Mais, à cette époque, la répression des délits et des crimes ne rentrait pas dans la politique du gouvernement ; au contraire, le but paraissait être plutôt d'effrayer les étrangers et de les contraindre à déserter un pays sans sécurité.

A ce moment, les consuls de France et d'Angleterre prirent une mesure par laquelle ils ordonnèrent des patrouilles nocturnes d'Européens et le port, obligatoire pour tout colon, d'un révolver, avec ordre de s'en servir immédiatement contre tout insulaire dont l'allure semblerait agressive.

Malheureusement, pour appuyer ces mesures énergiques, les forces navales disponibles n'étaient pas suffisamment importantes. Une seule frégate anglaise, *la Camilla*, se trouvait dans le port, quand il eût fallu une flotte pour contraindre les Japonais à respecter le traité conclu avec eux l'année précédente.

Cependant, quelques jours après cette malheureuse affaire, le calme était à peu près rétabli dans la petite colonie.

Après le traité dont j'ai parlé, la plupart des maisons anglaises, allemandes et françaises établies en Chine envoyèrent des représentants au Japon, et des transactions importantes s'établirent. Ces transactions, faites avec un peuple resté isolé depuis plus de trois siècles, eurent au début une certaine dose d'originalité, et procurèrent aux maisons qui s'installèrent à Yoko-hama des bénéfices énormes, dont je vais essayer de donner une idée.

Les premières opérations s'établirent sur les monnaies. À cette époque, les Japonais n'avaient aucune idée de la valeur intrinsèque de l'or et ne connaissaient que celle de l'argent ; pendant plus de deux mois, ils échangèrent des *cobans d'or*, d'une valeur métallique de trente francs, contre une valeur d'environ douze francs d'argent en dollars. Devant des transactions aussi lucratives, toutes les autres s'arrêtèrent ; on n'achetait naturellement que peu de thé et peu de soie. Toute industrie dépérissait. Ce furent les consuls eux-mêmes qui dessillèrent les yeux aux Japonais, lésés d'une façon scandaleuse par ce commerce illicite, dans lequel, on est heureux de le dire, les Français ne trempèrent jamais.

Dûment avertie, la douane japonaise défendit tout échange d'une monnaie d'or ; ce délit fut puni de mort ; c'était sévère ; on taxa le dollar à sa valeur réelle, trois *Itchibous* de la monnaie du pays, c'est-à-dire six francs. A partir de ce moment, tout se passa presque régulièrement.

C'est peut-être ici le moment de jeter un coup d'œil sur le système gouvernemental du Japon. Ce pays bizarre, dans lequel, jusqu'à cette époque, nul Européen n'avait pénétré, est à plus d'un titre intéressant.

Tout d'abord, disons que l'ambition la plus haute d'un Japonais est de faire partie de la noblesse, ou tout au moins d'entrer dans la carrière des armes, devant laquelle tous tremblent et s'inclinent.

La société se décompose en trois classes bien distinctes : les nobles, les marchands et le peuple, laboureur et soldat tour à tour, selon les circonstances. Le régime est le régime féodal, presque dans toute la rigueur où les peuples occidentaux l'ont adopté au moyen âge.

Il y a deux empereurs ou *taïkouns*, l'un résidant à Yeddo, dont les attributions sont purement politiques, l'autre fixé à Miako, seconde capitale de l'empire, située au sud de l'île de Niphon, et dont le caractère est essentiellement spirituel. Ces deux dignités sont héréditaires. Ces deux pouvoirs, égaux dans leurs attributions respectives, doivent n'être jamais en lutte l'un contre l'autre, ce qui n'est pas une raison pour qu'il n'y ait souvent conflit.

Tous les ans, l'empereur politique va rendre visite à son collègue, l'empereur spirituel; mais, pas plus qu'à ses sujets, il ne lui est permis de le voir; il doit se prosterner à ses pieds, sans chercher à regarder son visage.

Le restant de l'empire est divisé en provinces, gouvernées par des princes relevant directement du chef temporel, qui a sur eux, comme sur tous ses sujets, droit absolu de vie et de mort. Mais ce droit est généralement illusoire.

Chacun de ces princes possède une armée dont les soldats ont un uniforme spécial et portent comme marque distinctive, sur le dos et sur la poitrine, les armes du chef auquel ils appartiennent, exactement comme autrefois les hommes d'armes des hauts barons. A la première réquisition de l'empereur, ces armées doivent se réunir et se tenir à sa disposition. L'administration intérieure d'une province relève directement de son chef, qui lui-même aura à répondre plus tard des actes de son administration devant le conseil formé de tous les princes, qui se réunit annuellement à Yeddo. C'est dans cette réunion que sont débattues toutes les questions d'intérêt général. La grave question de l'introduction des étrangers fut discutée pendant près d'un an, sans obtenir de solution. Ce n'est qu'à la mort de l'ancien empereur, arrivée vers 1859, qu'elle fut enfin résolue.

Malgré le droit de vie et de mort que possède l'empereur dans ses États, des révolutions intimes ont souvent lieu, lorsque l'autorité impériale dépasse certaines limites.

Il n'est pas rare de voir les situations tendues se dénouer brusquement par l'assassinat. Au Japon, comme en Russie, le poignard, le poison, l'étranglement sont les contre-poids mystérieux du despotisme.

Jetons un rapide coup d'œil sur l'histoire de ce pays pour mieux faire comprendre les rouages de son administration.

Trois siècles à peu près avant le nôtre, le Japon était gouverné par un chef suprême, le Mikado, empereur spirituel, partageant maintenant le pouvoir avec le Taïkoun, empereur temporel. Voici comment naquit ce pouvoir, aujourd'hui indiscutable, mais qui alors n'existait pas.

En 1560, à peu près, Taïkosama fut chargé par le Mikado de faire rentrer dans l'obéissance des vassaux révoltés ; mais profitant du pouvoir dont il était investi, il se mit lui-même à la tête du gouvernement, et, semblable aux maires du palais de la première race, il relégua l'empereur au fond de son palais et ne lui permit plus de s'occuper des affaires de l'État. C'était la première étape conquise. Lui mort, il trouva un successeur dans un général du nom de Hiéas ; ce fut le premier qui s'établit à Yeddo et qui fonda la dynastie des Taïkouns, laissant le Mikado relégué dans son palais de Miako. Ce nouveau chef dota le pays d'une espèce de charte, à laquelle adhérèrent les principaux Daïmios ou Gokchis, non sans qu'il eût à les combattre. De Taïkouns en Taïkouns, de révolutions en révolutions, nous arrivons au règne de Minamoto Yeotschi, où va se dérouler un des grands faits politiques du Japon.

C'est la première fois que se discutera l'ouverture des ports aux Européens. Sur les cinq Daïmos composant le conseil privé de l'empereur, deux seulement se prononcent en faveur de cette admission, les autres refusent. A leur tête se trouva le prince de Mitto, un des Daïmios les plus influents. Ne pouvant faire prévaloir ses idées, le prince usa de son pouvoir et fit étrangler le Taïkoun Minamoto dans son propre palais.

Après ce meurtre, le prince de Mitto dut se retirer dans ses États; mais nous le reverrons bientôt revenir sur la scène politique.

Vers l'année 1858, très-peu de temps après le traité conclu avec les Américains, le Taïkoun Yeseda, fils du précédent, est trouvé mort dans son palais; encore une fois la rumeur publique accuse de ce crime le prince de Mitto.

Notons, en passant, que la mort d'un empereur est toujours soigneusement cachée au Japon, afin d'éviter des révolutions et des discussions entre les principaux Daïmios de l'empire. Le descendant le plus direct du Taïkoun mort est proclamé par les cinq Daïmios composant le conseil de l'Empire. Cela fait, on en instruit les dix-huit pairs ou Gokchis, puis les deux cent-quarante petits princes soutiens de la dynastie qui espèrent tous une position plus brillante par suite du changement forcé qui s'opère toujours dans le personnel des palais à la mort d'un souverain; enfin les six mille capitaines salariés par la caisse impériale ; et, pour terminer, le peuple, auquel cela est généralement assez indifférent, sa position ne devant et ne pouvant pas changer.

Revenons à l'histoire de ce merveilleux pays, sur lequel, hélas ! nos données sont bien vagues.

Voici donc les étrangers admis au Japon. Dorénavant toute la politique de ce pays va converger vers ce point unique. Deux partis vont se trouver en présence : l'un, le parti libéral, représenté par l'autorité, sous la forme du Taïkoun et du régent; l'autre, le parti conservateur et rétrograde, représenté par le prince de Mitto et les mécontents.

De tous côtés on assassine : deux officiers russes sont trouvés morts dans les rues de Yoko-hama, c'est-à-dire en pleine concession européenne. Très-peu de temps après, le domestique du consul de France éprouve le même sort, puis l'interprète du consul anglais; enfin, les deux capitaines hollandais dont nous avons raconté la fin tragique au précédent chapitre. Tous ces crimes demeurent impunis ; impossible de saisir les assassins, mais tout bas chacun murmure le nom du prince de Mitto. Mais qui oserait aller chercher les coupables parmi ses partisans? Tout à coup on apprend une mort bien plus terrible encore : le régent, en se rendant de chez lui au palais du Taïkoun, a été attaqué; quoique entouré d'une garde nombreuse, on l'a tué, et sa tête coupée est restée entre les mains des conjurés. Cette fois encore, c'est le prince de Mitto qui a été l'âme de la conspiration; du reste, il ne le cache à personne, car il fait lui-même exposer la tête du régent avec une inscription ainsi conçue : *Ceci est la tête du traître Ikammono Kami*, puis après il l'envoie à Miako au Mikado.

Personne n'osera-t-il punir ce crime? Si, un seul! Un ami du régent, déguisé en ouvrier, s'introduit dans le palais du prince, et profitant d'un moment où ce dernier est seul, d'un coup de hache lui abat la tête, puis il s'ouvre le ventre.

Ainsi mourut celui qui pendant plus de vingt ans avait tenu la puissance du Taïkoun en échec devant sa volonté hardie.

Plus tard nous retrouvons encore la même lutte au sein du gouvernement, mais la diplomatie a fait place à l'effusion du sang. Ce n'est plus à coups de poignard que l'on veut se débarrasser de l'élément étranger, c'est en suscitant des embarras sans cesse renaissants aux consuls anglais et français, que l'on espère lasser leur patience.

Revenons à l'organisation intérieure du pays.

Au-dessous des vice-rois puissants, il y a les nobles.

Tout yakounine (officier noble) a le droit de porter deux sabres de dimensions différentes; c'est un privilége qui leur appartient exclusivement.

Le point d'honneur, au Japon, est poussé jusqu'aux dernières limites. Tout homme porteur d'un sabre doit, lorsqu'il est insulté, tuer sans rémission son adversaire, et, s'il ne le peut faire, se tuer lui-même. S'il recule devant cette loi de l'opinion, un ordre émané de l'empereur le lui ordonne, et il lui faut s'ouvrir les intestins avec celui de ses deux sabres qui est de la plus petite dimension.

Encore y a-t-il des formes pour se tuer. Se donner la mort de toute autre façon passerait pour un manque de savoir-vivre dans l'esprit des délicats. Où le savoir-vivre va-t-il se nicher!

La loi est inexorable. A défaut de courage pour obéir à ses impitoyables prescriptions, des supplices plus terribles, dont le moindre serait celui du pal, atteindraient le récalcitrant. Le pal n'est pas la seule peine usitée; on sait que l'imagination tortionnaire des peuples de l'Orient est inépuisable! Il y a l'emprisonnement dans des cages de fer de dimensions graduées : dans l'une l'homme peut encore se tenir debout; dans une autre l'espace est moindre et, c'est à peine si, dans la dernière on peut se tenir courbé. Ajoutez à cela la privation de sommeil, celle de la nourriture, et vous vous ferez une pâle idée de ce que doit être le sort de celui qui a transgressé les décrets du souverain.

Ces châtiments sont appliqués sans jugement. La justice ne se soucie pas d'être juste, il lui suffit d'être sommaire.

Les punitions les plus douces consistent dans le retrait de l'emploi de l'officier et dans la confiscation de sa fortune. Sa femme et ses filles sont jetées dans une maison de prostitution; ses enfants mâles sont condamnés aux travaux les plus abjects, et enfin lui-même est obligé de s'exiler dans l'île de Jesso, dans celle de Facissio ou dans celle de Séghalien. Durant le temps de sa punition, il est tenu de porter sur la tête une espèce de panier d'osier qui lui tombe sur les épaules, et il lui est interdit tout travail, de sorte que le malheureux, pour ne pas mourir de faim, en est réduit à implorer la charité publique. Il ne faut pas croire que ces pénalités soient rarement appliquées.

Les fonctions publiques sont peu et mal rétribuées. Du reste, la vie matérielle ne coûte presque rien, et tout Japonais est généralement d'une grande sobriété : un peu de riz, de la volaille qui pullule dans ce pays, du poisson, de l'eau et du saki (eau-de-vie de riz), voilà de quoi se compose la nourriture du pauvre et du riche.

Les vêtements de la classe aisée, presque toujours en soie, représentent la dîme que le marchand est obligé de payer pour obtenir l'amitié de tout officier qui veut bien l'honorer de sa protection.

Jamais un marchand ou un homme du peuple ne peut adresser la parole à un officier civil ou militaire, ni même le rencontrer, sans s'agenouiller devant lui.

Lors de notre arrivée, les Japonais voulurent nous imposer ces génuflexions : inutile de dire qu'ils reconnurent bien vite qu'il fallait renoncer à ce projet. Loin de là, on se permit d'être plus qu'irrévérencieux vis-à-vis de leurs nobles, ce qui fait que j'ai toujours cru qu'au Japon il y avait deux sortes de point d'honneur : une susceptibilité nationale poussée à l'extrême entre compatriotes, une longanimité sans égale (je veux être poli) avec les étrangers.

Combien de fois n'ai-je pas vu des Européens, dans

un accès de colère, chasser de chez eux ignominieusement des officiers japonais, ce qui n'empêchait pas ces hautains insulaires de conserver de bonnes relations avec ceux qui les avaient ainsi maltraités !

C'est peut-être aussi pour cette raison que, lorsqu'ils rencontrent un des nôtres, isolé et sans armes, ils se vengent traîtreusement et lui font cruellement expier leurs anciens affronts. C'est là le revers de la médaille.

Un domestique reçoit à peu près 30 francs par an, un paysan à la journée touche la même somme, et cependant il y a des fortunes immenses au Japon. Le prince de Kanga possède une fortune évaluée à 30 millions de francs de revenu, le prince de Satzouma passe pour avoir plus de 20 millions de francs de rentes ; le plus pauvre, le prince d'Aki, a encore 10 millions de francs de revenu. Malgré cela, le sort du bas peuple est déplorable. Courbé tout le jour sous le poids du travail, il n'a même pas le droit de considérer sa famille comme lui appartenant. La simple convoitise d'un officier peut lui enlever sa fille qu'il ne revoit jamais. Pour tout avenir, il n'a qu'un travail acharné et perpétuel, sans que ce labeur puisse apporter d'amélioration à sa dure condition. On le maintient dans une abjection servile de chaque instant, bien faite pour abâtardir son âme.

Bien souvent, dans les conversations que nous avions avec quelques pauvres diables, ils en arrivaient à nous avouer leur secret désir de secouer ce joug odieux et abrutissant. Mais comment s'y prendre ? Ils n'osent seulement le tenter.

En réalité, la masse du peuple a reçu les étrangers avec joie, et n'étaient les officiers et tout ce qui se rattache au gouvernement, on pourrait circuler dans tout le Japon avec la plus entière sécurité. Ce peuple intelligent et travailleur, pressent que nous apportons une modification heureuse à sa situation ; il nous aime surtout parce que nous secouons dédaigneusement les servitudes ridicules auxquelles il est assujetti.

Mais combien de temps faudra-t-il encore pour qu'il passe de la pensée à l'action ?

CHAPITRE VII

La langue. — La douane. — Les femmes à Yeddo. — Leur condition. — Yoko-hama. — Un intérieur japonais. — Drame intime. — Yosi.

La plupart des Européens qui se sont fixés au Japon parlent assez vite et assez bien la langue du pays.

Cette langue n'offre pas de grandes difficultés, surtout pour les Français ; les consonnances s'accordent parfaitement avec la musique de notre vocable. Cette particularité nous aidera beaucoup, j'en suis certain, à resserrer plus étroitement nos relations avec ce peuple. En Chine, au contraire, à l'exception de quelques missionnaires qui y résident depuis quinze ou vingt ans, peu de personnes, parmi les étrangers, parlent le chinois ; aussi, depuis tant d'années que nous y avons posé le pied, n'en sait-on guère davantage sur ce pays que l'on n'en sait déjà sur le Japon, où nous n'avons pénétré que depuis quelques années à peine.

Le Japonais est aussi bon négociant que le Chinois, il entend parfaitement ce qu'on appelle en Europe la triture des affaires, et son plus grand désir serait de voir les relations internationales se développer ; sûrement elles acquerraient rapidement un développement considérable, sans ce rouage du pouvoir que l'on appelle la douane (1) qui est une des entraves les plus sérieuses apportées au commerce et à la civilisation.

Un mot sur cette institution.

C'est encore une dépendance de cette chicane sans cesse renaissante que nous suscite le gouvernement du Taïkoun; nous allons en parler un peu longuement, pour faire comprendre par quelles combinaisons ingénieuses les agents japonais cherchent à entraver les transactions commerciales avec les Autochtones.

La douane, c'est un ministère d'État, pouvoir immense, concentrant dans ses mains toutes les attributions : siége du gouvernement, tribunal, représentation de la volonté impériale, juge en dernier ressort de toutes les questions ; telle est la douane japonaise.

Au début, cette institution a dû évidemment être créée pour aider aux transactions entre les indigènes et les

(1) C'est ainsi que les Européens dénomment une espèce de tribunal sans appel, siége du gouvernement, sorte d'hôtel de ville où sont jugées toutes affaires litigieuses entre un Européen et un Japonais quelquefois même entre Japonais.

étrangers; malheureusement, les officiers qui la dirigent, antiprogressistes comme tous ceux qui portent le sabre au Japon, ont menti, mentent et mentiront probablement longtemps encore à leur mandat. Un tel état de choses ne cessera que lorsqu'il leur sera infligé une leçon, terrible peut-être, mais salutaire, qui leur persuadera une bonne fois qu'ils ne sont pas pétris d'une argile invincible, comme tout noble de ce pays a la fatuité de le croire. Il y a de ces Japonais-là en France !

Il serait erroné de penser qu'au Japon on ne soit pas parfaitement au courant des événements qui se passent en Chine; seulement, comme ils tiennent en profond mépris la bravoure de leurs voisins, les Japonais prétendent qu'avec eux les armées alliées eussent éprouvé une autre résistance que celle que leur opposa l'armée chinoise. Cette persuasion leur donne une assurance qui leur sera sans doute fatale dans l'avenir, mais qui est très-préjudiciable au commerce dans le présent, car toute transaction entamée entre un Japonais et un Européen doit d'abord être soumise à l'approbation des officiers civils de la douane et ratifiée par eux; le simple caprice d'un de ces honorables fonctionnaires suffit pour annuler tous les marchés.

Lors de mon séjour au Japon, les Européens venaient d'obtenir définitivement une concession à Yoko-hama, et sur cette concession ils avaient naturellement l'intention d'établir une colonie; les plans devaient d'abord être soumis à la douane, qui acceptait ou n'acceptait pas les prix fixés entre les entrepreneurs et les colons et qui prétendait les fixer elle-même; rien enfin ne pouvait se faire et arriver à solution sans l'entremise de ce pouvoir odieux pour tous, car les Japonais le haïssent autant que nous.

C'est encore à la douane qu'appartient le droit du morcellement des terres.

La terre appartient à l'empereur qui la distribue selon son bon plaisir à ses sujets, même dans les provinces, où elle n'appartient qu'à titre précaire au daïmios, ou prince gouverneur, lequel est tenu de la distribuer. Chaque laboureur possède une parcelle de terre suffisante pour son entretien et celui de sa famille, ceci sans préjudice des grands propriétaires nobles qui existent en grand nombre.

Le pays est magnifique et fort bien cultivé; il le serait bien mieux encore si chacun avait la liberté d'augmenter son avoir, c'est-à-dire s'il était possesseur, en partie ou en totalité, du sol qu'il cultive; mais il n'en est pas ainsi et, d'un moment à l'autre, son bien peut lui être retiré et passer en d'autres mains.

Jusque dans les questions de mœurs les plus intimes, nous retrouvons la douane, — toujours la douane!

Je crois que les Japonais sont, à l'heure qu'il est, le seul peuple civilisé qui ait fait de la prostitution une question gouvernementale. L'antiquité ne lui fit jamais une plus large part. La science moderne jette chaque jour des lueurs sur ces civilisations disparues de l'Orient, dont un certain nombre de rites phalliques sont venus jusqu'à nous; mais nous ignorons encore complétement les relations qu'ils avaient avec les lois politiques de ces contrées. Les cultes monstrueux de Bel, d'Astarté, de la Vénus Pandémie, de Diane Anaïtis, prouvent que la prostitution jouait un rôle important dans l'organisation des peuples antiques, surtout des peuples méridionaux ; mais il faut, pour essayer de se rendre compte de cette organisation, jeter sur ces cultes le regard du poëte et celui de l'historien ; la poésie doit jouer en ces matières un rôle aussi grand que celui de la science ; elle seule, en bien des cas, peut reconstruire par analogie. C'est ainsi que *la Salammbô* de M. Flaubert, cette magnifique étude du monde carthaginois, œuvre à la fois de savant et de poëte, éclaire les mystères des mythes africains. Ce qui donne, plus que les textes, raison au poëte, ce sont les découvertes faites tous les ans par les hardis explorateurs de l'Afrique centrale ; l'esprit de la magie est encore le même qu'il y a deux mille ans, la civilisation en moins. Cérémonies religieuses et bizarres du monde antique, mythes étranges des Hindous, le *Lingam*, le culte de Mylitto, ont entre eux une affinité réelle ; la prostitution est, pour ainsi dire, la base de tous les peuples primitifs ; il faut, pour la détruire, les dogmes rationnels de la philosophie moderne.

Yeddo, centre d'une population d'à peu près deux millions et demi d'habitants, possède un nombre considérable de maisons de thé, ainsi que les appellent les Européens, *gankiros*, comme les Japonais les nomment. Les femmes qui les peuplent sont désignées par les officiers délégués à leur surveillance ; tantôt filles ou femmes d'officiers en disgrâce, — tantôt filles ou femmes de marchands, — selon que le besoin de *consommation* s'en fait sentir. Ce terme est hideux, mais seul il exprime la réalité dans toute son horreur. Les prix sont perçus au profit du gouvernement, qui se charge, du reste, de l'entretien de ces malheureuses.

Les idées qu'évoque la prostitution sont, dans ce pays, bien loin des idées européennes, et telle femme qui pendant plusieurs années aura fait ce métier, se mariera très-convenablement, sans que le mari s'avise ou ait même la pensée de trouver rien à reprendre à son passé. Ces femmes même, on le croira difficilement chez nous, sont généralement les plus estimées.

Moyennant une redevance, qui varie suivant le prix de la marchandise, le gouvernement se charge de fournir des concubines aux amateurs, selon le goût de chacun, et la somme à fournir est naturellement en proportion de la beauté, de l'âge et de la condition du sujet.

Le gouvernement déploie dans ces maisons un luxe sans pareil : — les laques les plus belles sont étalées, les nattes de paille de riz du grain le plus fin, des étangs d'eau vive, de larges galeries parfaitement aérées, partout des tentures de soie, comme les Japonais seuls les savent faire, de magnifiques salons, et une réunion d'à peu près trois cents femmes : ghekos (chanteuses), o-dooris (danseuses), djooros (courtisanes), dont la plus âgée peut bien avoir dix-huit ans; les o-bassan (surveillantes) sont les seules d'un certain âge; tels sont les luxes offerts dans ces *institutions*.

Dans leur remarquable sollicitude, les Japonais ont

fait bâtir à Yoko-hama un gankiro à l'usage spécial des Européens. Toutes les merveilles sensuelles y sont rassemblées.

La distance qui sépare Kana-gawa de Yeddo est d'à peu près 24 kilomètres ; c'est à cheval généralement que se fait ce trajet ; c'est ainsi que je l'accomplis. Je passerai sous silence les incidents de la route, pour arriver promptement à la ville elle-même.

Chose étrange ! la première porte par laquelle je passe en arrivant dans la ville par la route de l'Est, est la place des exécutions, située un peu avant le bourg de Sina-gawa, renommé par sa population dépravée et ses nombreuses maisons de thé. C'est le Ghetto de Yeddo. Presque tous les hommes y sont masqués par un mouchoir passé de telle sorte autour du menton, que les yeux seuls sont visibles ; presque tous sont armés du grand et du petit sabre, sans lesquels un noble japonais ne sort jamais ; ce quartier est bientôt dépassé et j'entre dans Yeddo.

La ville est séparée en deux quartiers : Hondjo, la ville aristocratique, et Yeddo proprement dit ; quatre ponts réunissent Hondjo à Yeddo.

Le palais du Taïkoun se trouve au centre de la ville, dans un quartier qui s'appelle *Siro;* on m'assure que le palais a plus de dix kilomètres de circonférence. Il est flanqué de tous les ministères et des résidences des princes du sang. Rien de plus simple, du reste, que son architecture. Un mur à la hauteur d'un premier étage, quelques fenêtres à cette élévation, et le tout blanchi à la chaux. Qu'est-ce en dedans ? Je l'ignore. Les consuls européens y ont pénétré cependant; on le dit d'une grande simplicité. Autour de ce palais serpentent de jolies promenades, d'où l'on découvre les points de vue les plus variés.

Yeddo a sa cité tout comme Londres. C'est là que vivent les commerçants et les gens de province. Ici les maisons ont un aspect différent de ce qu'elles sont dans le restant de la ville. Au lieu d'être faites de bois et de papier, leur construction semble solide et à l'épreuve des incendies si communs au Japon; c'est qu'il y a là-dedans des richesses immenses!

La population de Yeddo s'élève, d'après le dire des habitants, à deux millions d'individus à peu près; mais cette population est très-flottante, si l'on considère qu'un Daïmios qui vient passer quelque temps dans son palais à Yeddo est souvent accompagné de dix mille soldats. C'est donc une armée qui s'installe dans la capitale chaque fois qu'un des grands princes vient faire sa cour au Taïkoun. La maison impériale elle-même ne serait pas composée de moins de deux cent mille individus, chiffre énorme mais facile à expliquer, puisqu'il doit en imposer à près de quatre cent mille soldats servant d'escorte aux Daïmios qui résident à tour de rôle dans la capitale.

Débarrassez cette ville de ces grands dignitaires, transportez le palais du Taïkoun dans un autre endroit, et la population de Yeddo ne dépassera pas cinq cent mille âmes.

Le nombre des temples est relativement fabuleux; il m'a été assuré qu'il n'y en avait pas moins de mille quatre cent quatre-vingt-trois, divisés comme suit : mille deux cents temples bouddhistes et deux cent quatre-vingt-trois sintistes. On sait que le Japon est partagé en deux religions reconnues : le bouddhisme et le sintisme. Les Sintistes sont adorateurs du soleil. Du reste, on a peu ou point de renseignements sur cette secte, et encore moins sur les sectes bouddhistes, qui se subdivisent à l'infini. Une seule chose frappe l'étranger, c'est le nombre immense de prêtres, moines, etc., qui desservent le bouddhisme et le sintisme. Du reste, quelle que soit la secte à laquelle ils appartiennent, ils adorent certainement un dieu unique : la *Paresse*. On pourrait, pour certains d'entre eux, y ajouter une déesse : la *Luxure*.

Il est d'ailleurs fort difficile de se procurer des renseignements sur Yeddo ; tout est obscurité pour nous dans ce pays ; nous ne pouvons avoir de données précises sur le fond d'aucune chose.

En résumé, en dehors des bonzeries et du palais impérial, Yeddo n'offre rien de bien remarquable. Il y grouille une population immense, population viciée jusqu'au cœur, comme cela se rencontre chaque fois qu'il y a agglomération d'hommes, c'est-à-dire soif ardente de toutes les jouissances enfantées par les imaginations en contact les unes avec les autres, par conséquent centuplées.

Heureusement que, pour les Japonais, l'introduction de l'opium a été interdite dans leurs îles lors de la signature du traité de commerce entre eux et les Européens. C'est une anomalie sans doute, car ce moyen actif d'abrutissement est un moyen gouvernemental parfait.

Après ces considérations générales, je reviens en égoïste, c'est-à-dire en voyageur, au récit de mes aventures personnelles.

Depuis un mois environ que j'étais au Japon, la solution que je m'étais proposée en y venant n'avançait guère. Les moyens de communication étaient presque impossibles, je sentais que, chaque jour de retard entraînait pour moi la perte de toute une année, et je maudissais cette inaction, désirant de toutes mes forces qu'une occasion se présentât de m'y soustraire.

Je fus servi à souhait.

Une semaine s'était à peine écoulée que j'appris indirectement qu'un patron de barque avait l'intention de quitter le port de Yeddo pour se rendre à Hakodade, dans l'île de Yesso, partie nord du Japon.

Hakodade est le seul port où il soit possible de trouver les moyens de remonter vers le Kamschatka. Ces moyens se réduisent à deux : prendre passage sur un navire de guerre russe, regagnant l'une des stations d'hivernage dans les mers d'Okotsk, ou s'embarquer sur un baleinier américain, faisant route pour la pêche dans les bassins du Nord, ou dans cette même mer d'Okotsk.

Je m'entendis avec mon patron de barque, et, le jour du départ étant fixé, je me rendis à Yeddo pour prévenir notre consul.

Mais, là, de sérieuses difficultés furent soulevées : la douane me refusa l'autorisation de m'embarquer ; puis le consul lui-même s'opposa à mon départ, prétextant que les conditions de sécurité ne lui paraissaient pas suffisantes.

J'eus beau protester, supplier, crier, tempêter, rien n'y fit, et je me vis dans l'obligation de rester, convaincu que je serais forcé de passer mon hiver au Japon.

Dès lors, je m'arrangeai de façon à utiliser mon temps le moins désagréablement possible, et je tâchai de m'occuper de fouiller davantage dans les mœurs particulières de ce peuple presque inconnu.

J'eus l'honneur d'être reçu plusieurs fois chez un riche marchand de Kana-gawa ; j'y passai bien souvent des soirées, entouré de ses amis, auprès de sa femme et de ses deux filles, deux filles charmantes !

Elles avaient le plus beau teint mat qu'il soit possible d'imaginer, des pieds et des mains d'une rare exiguïté et d'une élégance suprême. Ce sont de telles mains et de tels pieds que nos romanciers prêtent à nos duchesses. La mode barbare établie en Chine, qui consiste à serrer le pied dans un étau qui le déforme, est heureusement inconnue des Japonaises, ce qui fait qu'il conserve toute la pureté de ses formes.

Du reste, la Japonaise marche fort peu et ne porte que des sandales en paille de riz, qui ne compriment même pas l'épiderme.

L'une des deux jeunes filles de mon hôte, entre autres rares beautés, possédait des yeux noirs divins, un nez très-pittoresque et très-charmant, un peu plat à sa naissance et effilé du bout. Le soir, les chevelures des deux sœurs semblaient noires comme des ailes de corbeau; elles y mêlaient de grosses fleurs rouges, en papier découpé et argenté, qui faisaient un merveilleux effet.

A cette heure, mon souvenir les revoit encore, et le temps a pour moi idéalisé toutes ces grâces. Je dois dire toutefois, à ma louange, que je n'ai pas attendu mon retour en France pour en être ému.

L'art de la coiffure est poussé au Japon beaucoup plus loin même qu'il ne l'était à la cour de France à la fin du dix-huitième siècle. Certes, les édifices artistiques que portaient Mmes Jules de Polignac, de Lamballe et la reine Marie-Antoinette, demandaient pour leur construction, des coiffeurs qui fussent en même temps architectes; mais l'habileté de ces artistes capillaires eût pâli devant celle des coiffeuses japonaises. Il ne leur faut pas moins d'une demi-journée pour bâtir leur œuvre : il est juste d'ajouter qu'une fois achevée, elle est assez solide pour durer quatre ou cinq jours.

Jamais je n'ai rencontré, pendant mon séjour au Japon, d'autre teinte de cheveux que le noir le plus absolu; mais, comme j'avoue ma prédilection pour la couleur blonde, j'aime à penser que la venue des Européens jettera quelque variété dans cette uniformité de nuance.

Je reviens à mes deux Japonaises : elles étaient presque toujours vêtues d'étoffes de couleur claire et portaient, autour des reins, de longues et grandes ceintures de soie qui leur dessinaient le buste. Leurs formes étaient parfaites, leurs corps n'ayant pas subi le martyre du corset.

J'arrivais dans le salon de réunion après avoir traversé trois énormes chambres couvertes de nattes de paille de riz, aussi épaisses qu'un matelas ; je saluais mon hôte à l'européenne et je lui serrais la main : alors cet honnête homme se prosternait trois fois par terre, en accompagnant chaque génuflexion d'un petit sifflement.

Que de fois ai-je failli lui éclater de rire au nez !

Quand mon ami le mamamouchi avait terminé cette cérémonie, qui me rappelait *le Bourgeois Gentilhomme*, les jeunes filles servaient le thé dans de très petites tasses de la contenance d'un de nos verres à bordeaux.

Ce thé exhale un arôme mille fois plus délicat que le thé chinois. Sa couleur est beaucoup moins foncée ; c'est, à mon goût, une boisson délicieuse.

Puis elles faisaient une ample distribution de friandises : gâteaux, bonbons et confitures, qu'elles avaient confectionnées elles-mêmes, car les Japonaises excellent dans ces coquetteries culinaires.

Alors, chacun assis par terre, ou sur des trépieds minuscules, la causerie s'engageait. Il va sans dire que j'étais naturellement l'objet de toutes les questions ; les jeunes filles surtout ne tarissaient pas de demandes sur les toilettes des Européennes ; mais la conversation du père — un lettré — était d'un ordre plus sérieux ; cependant je n'ai jamais pu persuader à cet excellent homme que la France était un pays mieux organisé et plus puissant que les États-Unis. Il est vrai que beaucoup de mes compatriotes pensent comme lui.

Hommes et femmes, tout le monde fumait dans de petites pipes, larges comme un dé à coudre. En moyenne, un Japonais allume sa pipe au moins une centaine de fois par jour. Au milieu du cercle que forment les fumeurs est placée une cassolette pleine de cendres embrasées. Quand ils ont aspiré deux bouffées de tabac, ils vident leur pipe, qui est en métal et la laissent reposer.

Le thé pris, on boit le *saki* (eau-de-vie de riz). Cette liqueur a beaucoup d'action sur le cerveau ; aussi n'est-il pas rare de voir, au bout d'une heure, toute une réunion s'assoupir, malgré le *simpson* que les femmes exécutent sans discontinuer, et qui est le complément obligé de ces fêtes.

Le *simpson* est un chant monotone qui s'accompagne sur une sorte de guitare recouverte en peau d'âne.

Le Japonais dort partout; la natte où il est assis devient son lit; un petit morceau de bois de vingt centimètres de long sur vingt-cinq de haut, recouvert avec quelques étoffes, voilà son oreiller.

C'est ainsi que j'ai dû dormir pendant plusieurs mois!

Dans mes jours de galanterie, lorsque je voulais appeler le sourire de la joie sur les belles lèvres des deux jeunes filles, je leur apportais... devinez quoi? Des parfums français. Je conseille aux parfumeurs de se rendre au Japon, ils y feront tous de belles fortunes. Sitôt qu'elles étaient devenues propriétaires de ces merveilleux flacons, que je déteste, elles se hâtaient de les répandre dans l'appartement, et alors elles respiraient avec délices ces aromes pénétrants, inventés pour donner des congestions cérébrales.

Durant un mois, je passai mes soirées près de ces insulaires; les heures fuyaient agréablement en leur société, et j'avais presque oublié la patrie absente à ce point (*risum teneatis, amici!*) que plus d'une fois j'ai pensé, en regardant la plus jeune de ces charmeresses, aux douceurs du mariage.

Et pourquoi non? — L'adorable fille!

Petit à petit, je m'étais si bien accoutumé à cette idée, elle avait si bien pris racine en mon cerveau, que je commençai d'arranger ma vie future lorsque je serais bien et dûment japonisé.

A cette époque on distribuait des terrains aux Français; j'en avais obtenu un au bord de la mer, abrité par une colline, dans une vallée ombragée de cèdres gigantesques et semée de camellias. J'avais résolu d'y planter ma tente. La poussière de thé que le vent soulève au printemps a plus de consistance que nos projets!

Je l'ai dit plus haut, la vie est d'un bon marché rare en ce pays; avec les amis que je possédais déjà, et en étendant mes relations, je devais évidemment arriver à posséder une somme de bien-être au moins égale à celle qui m'était promise en France; du moins je le pensais. O rêves!

Un soir, selon ma coutume, je me rendis chez mon hôte. En entrant, je trouvai la mère attristée; étonné, je passai outre; le mari était malade; mon cœur se serra; je demandai des nouvelles de la plus jeune sœur; elle était partie à Yeddo!

Les réponses pleines d'embarras et l'anxiété peinte sur les physionomies me firent pressentir un malheur, je m'écriai :

— Elle n'a pu sortir seule, vous ne l'auriez pas permis; dites-moi où est-elle? ou est Yosi?

— Hélas! fit la mère.

— Morte? m'écriai-je.

— Non! répondit sourdement le père; des officiers sont venus et l'ont emportée.

Je pâlis.

— Et vous les avez laissés faire? fis-je d'une voix réellement indignée.

Ils baissèrent la tête, et je me ressouvins des odieuses mœurs du pays.

Je sortis en pleurant. — Pauvre Yosi!

Ce fut alors que je résolus de continuer mon voyage. Cette terre, où je venais de passer un mois de pure félicité me brûlait les pieds.

Je retournai pourtant plusieurs fois encore dans la maison des parents. Les parents! ils semblaient déjà ne plus penser à l'absente.

Mon horreur pour le Japon alla croissant d'heure en heure; j'étais révolté contre tout et contre tous.

Les pauvres gens! Que de fois depuis, sur le pont d'un navire, seul avec mes souvenirs, mes lèvres se sont entr'ouvertes d'elles-mêmes pour murmurer :

— Yosi! Yosi!

Et à l'heure où j'écris ces lignes, j'éprouve un plaisir indicible à me répéter encore en souriant et comme ému :

— Yosi! Yosi! petite Yosi! adieu, Yosi!

CHAPITRE VIII

Un départ manqué. — Un typhon. — A quelque chose malheur est bon. — Hakodade. — Un barbier japonais. — Une attaque à main armée. — Situation des Européens à Hakodade. — Un missionnaire Lazariste.

C'était sur *la Camilla*, brick de guerre anglais, que j'avais pris passage; il partait pour Hakodade, mais moi je ne partis pas.

Voici ce qu'il advint :

Le capitaine Colville, commandant du brick, m'avait averti que nous devions déraper le lendemain au jour, j'avais fait mes préparatifs en conséquence.

Cependant quelques amis ne voulurent pas me laisser partir sans me donner le dîner d'adieu traditionnel; j'acceptai, et, au lieu de me rendre à bord le soir, ainsi que cela devait se faire, je ne m'y rendis que le lendemain de grand matin. Au moment où je m'approchais du rivage, j'aperçus *la Camilla*, voiles déployées, et filant franc vent arrière.

C'était la troisième fois que pareille mésaventure m'arrivait. Je crus à la fatalité et je maudis le ciel.

Dans la suite de mon voyage, j'ai souvent été à même de reconnaître la protection de la Providence à l'égard de mon chétif individu, jamais pourtant elle ne s'est manifestée d'une manière plus évidente que cette fois-là.

Deux jours après le départ de *la Camilla*, nous eûmes à Yeddo le plus terrible typhon qui, de mémoire d'homme, eût jamais sévi dans les mers du Japon.

J'ai déjà parlé de ce phénomène météorologique, je n'y reviendrai pas. Celui du 25 août 1860 dura quinze heures. La pluie tombait avec une abondance telle, que les rues de la ville furent transformées en de véritables fleuves. La violence du vent fut si grande, qu'à Yeddo plus de quatre cents maisons furent renversées de fond en comble. A Yoko-hama, presque toutes les habitations européennes furent détruites. Tout secours était devenu impossible, l'espace était sillonné par des débris arrachés aux maisons, avec une telle force de projection, qu'ils coupaient indistinctement tout ce qui se rencontrait sur leur passage. C'est ainsi que j'ai vu plusieurs de ces projectiles couper littéralement, comme l'eût fait une scie à vapeur, des arbres de plus de quarante centimètres de diamètre. Beaucoup d'hommes périrent. Il n'y avait guère de sécurité dans les maisons restées debout, car elles menaçaient de s'écrouler à chaque minute, et, comme on vient de le voir, le danger n'était pas moins grand dans les rues.

Pendant ce temps, les navires n'étaient plus en sûreté dans le port, ils se brisaient les uns contre les autres, quand ils n'étaient pas jetés à la côte, hérissée de rochers à pic; il était presque impossible de porter secours aux naufragés.

Par un bonheur providentiel, Yeddo n'éprouva aucune secousse de tremblement de terre : la plus légère n'eût fait de toute la ville qu'un immense monceau de ruines.

Quelques années auparavant, un typhon presque aussi redoutable avait eu lieu à Nangasaki; il avait été accompagné de deux violentes commotions terrestres. La frégate *la Diana*, de la marine russe, se trouvait dans ce port. A la première secousse, la mer se retira complétement, et les matelots purent voir les ancres sur lesquelles *la Diana* était mouillée. La mer revint bientôt sur elle-même : deux chaînes seulement étaient rompues. A la seconde secousse, la mer se retira une fois encore, mais à son retour elle engloutit pour jamais *la Diana*, qui périt corps et biens.

Le lendemain du désastre auquel j'avais assisté, le ciel était redevenu limpide, la mer calme ; seulement des milliers d'écheveaux de soie flottaient sur les eaux, ainsi que des caisses de thé défoncées, et sous les décombres on retrouvait des centaines de cadavres.

C'était un spectacle horrible et navrant.

La semaine qui suivit cette catastrophe, on retrouva sur la côte, au nord de Yeddo, des épaves de *la Camilla*.

Équipage, passagers, navire, tout était perdu.

Heureusement qu'on vit très-vite à vingt-cinq ans, comme si on avait hâte de dévorer les jours; cette fièvre de jeunesse redouble encore dans les lointaines contrées. Les événements se pressent et l'oubli vient rapidement. Tous ceux que vient d'évoquer ma plume, quoique récents, étaient déjà effacés de ma mémoire, lorsque *la Bérénice* entra à pleine vapeur dans le port. Elle apportait la nouvelle de la conclusion du traité de paix signé entre la Chine et les nations alliées. La guerre était terminée et le navire avait reçu ordre de se rendre à Hakodade pour arrêter les achats de chevaux et de fourrages, faits pour le compte de l'Angleterre.

Cette-fois-ci, j'espérais bien profiter de la chance nouvelle que le hasard m'offrait, et aussitôt mon passage obtenu, j'eus bien soin de me rendre à bord, ne me fiant plus désormais au sommeil, qui m'avait sauvé une première fois, il est vrai, mais qui pouvait me compromettre une seconde.

Le lendemain nous levions l'ancre, ayant deux pilotes japonais à bord, car le commandant n'avait jamais été à Hakodade, et le récent sinistre de *la Camilla* devait lui faire redoubler de précautions.

La traversée fut excellente et dura huit jours.

Hakodade est bâtie au bas d'une colline sur le bord de la mer, au fond d'une baie profonde, dans laquelle viennent relâcher tous les bateaux côtiers qui font la pêche dans ces mers poissonneuses.

Elle est située à l'entrée du détroit de Sangar ou de Matsmaï. C'est le troisième port qui nous soit ouvert. La population japonaise y est de soixante mille habitants, les Européens y sont au nombre de quarante, Russes pour la plupart.

La Russie possède à Hakodade un consulat qui est une véritable forteresse : posée tout au haut de la ville, elle domine la cité et la tient en respect avec son artillerie. Pour surcroît de renfort, les Russes ont presque toujours un navire de guerre ou un transport dans les eaux d'Hakodade, qui leur est un précieux port de ravitaillement, car ils possèdent encore sept ou huit baies sur les côtes de Mantchourie, dans la mer du Japon.

Hakodade, capitale de l'île de Yesso, dans la province de Matsmaï, relève du prince Matsmaï, un des plus riches hauts seigneurs japonais. Cette contrée est très-fertile et d'une très-grande richesse en mines de toute espèce.

Dans le voisinage de Yesso se trouve l'île de Sato, où les Japonais disent posséder des mines d'or d'une richesse extrême. Le climat d'Hakodade est froid, il y tombe régulièrement de la neige en hiver, ce qui est une grande rareté dans l'île de Niphon. La baie n'est jamais complétement gelée, mais elle charrie souvent des glaçons.

Les habitants ont une âpreté de mœurs qui n'est pas commune aux autres habitants du Japon, où généralement les hommes sont efféminés. Les femmes d'Hakodade elles-mêmes ont une allure masculine. Aussi les Japonais du sud considèrent-ils comme des sauvages les naturels de l'île de Yesso.

La partie féminine semble une caricature de celle de Yeddo : les yeux retroussés, les lèvres un peu fortes, tous ces signes un peu bizarres du type japonais, qui devient charmant quand le regard y est habitué, sont exagérés chez les Hakodadiennes ; l'origine tartare se reconnaît dans leur nez aplati et dans leurs pommettes plus saillantes ; les mains et les pieds, si fins et si jolis à Yeddo, sont gros et comme taillés à coups de serpe à Hakodade. La même différence peut s'appliquer aux mœurs comme aux physionomies.

Les étrangers courent un danger réel dans cette ville ; il est imprudent à eux de s'y promener isolément : j'ai failli en faire l'épreuve le soir même de mon arrivée, comme je le raconterai tout à l'heure.

Pendant toute la journée, j'errai à travers la ville, regardant de ci, de là, tout ces petits riens qui passent inaperçus pour les habitants d'un pays, mais qui sont un sujet de distraction ou d'étude pour un étranger.

Les femmes sont vêtues, comme à Yeddo, d'une longue tunique serrée à la taille, leur tête supporte un édifice monumental de cheveux, et sont grandies plus que de raison par une façon de petit banc placé sous leurs pieds dont se servent peu les femmes du sud. Ce petit meuble, qui doit être assez commode quand elles sont assises sur un siége un peu haut, devient un véritable embarras lorsqu'il s'agit de marcher. Elles sont obligées de se tenir perpétuellement en équilibre sur cette sorte d'échasse minuscule ; on les voit ainsi s'avancer cahin-caha, l'ombrelle en main, accompagnées d'une servante juchée de la même façon.

Si les dames japonaises sont pleines de coquetterie, la population masculine n'est pas non plus exempte de cette faiblesse.

Le barbier japonais est une puissance ; sa boutique ne se désemplit jamais ; c'est un centre où l'on vient causer d'affaires et des nouvelles de la ville. C'est encore ainsi que cela se passe dans quelques-unes de nos provinces. Ces boutiques n'ont pas de devantures, ce qui fait que les patients, soumis au travail compliqué de la coiffure japonaise, peuvent interpeller les passants. La curiosité me poussa, en sortant de chez un de ces industriels, dans un établissement de bains. Rien de plus singulier que ces sortes d'officines. Imaginez une grande salle où sont placées circulairement d'énormes cuves ; là dedans, les hommes et les femmes, pêle-mêle et nus, se rendent mutuellement le service de se frotter et de se verser d'énormes cuillerées d'eau sur la tête ; ces ablutions sont faites, du reste, avec une conscience merveilleuse. Un Japonais qui en lave un autre ne se dérangerait pas, à moins d'un miracle. Chaque couple était tellement absorbé dans son travail de frotteur, qu'on ne s'aperçut même pas de mon entrée, malgré mon costume ; car chacun vient là absolument pour se baigner, ce qui explique que cette promiscuité étrange des sexes n'entraîne aucun désordre, de quelque nature que ce soit.

Ne connaissant la ville que sur quelques vagues indications, j'avais peur que la nuit ne me surprît, et je me dirigeai en toute hâte vers l'endroit où je supposais trouver le consulat anglais, qui sert également de consulat français. Ce fut en cet instant que je me trouvai heureux d'avoir suivi les conseils des officiers de *la Bérénice*. Déjà, en me retournant deux ou trois fois, je m'étais aperçu d'une particularité assez grave que je n'avais point remarquée durant la journée : c'est que j'étais suivi par cinq ou six gaillards à une distance d'une trentaine de pas. Ces hommes à mine peu rassurante me montraient le poing, gesticulaient à qui mieux mieux, et me lançaient des interjections bizarres que je ne comprenais que par la mimique expressive dont elles étaient accompagnées. La langue d'Hakodade diffère essentiellement de celle de Yeddo, et la plupart des mots n'avaient aucun sens pour moi ; ce que je voyais très-clairement, pourtant, c'est que mon escorte ne me faisait pas de compliments. Cependant, j'approchais du consulat, où je voulais demander asile pour la nuit, lorsque le plus hardi de la bande ramassa un gros caillou. L'exemple fut contagieux : deux minutes après, les pierres volaient de tous côtés ; par malheur, l'une d'elles entra dans une boutique, et mit une énorme potiche en pièces ; le marchand, furieux, sortit et ameuta ses voisins ; j'étais pris entre deux feux ou plutôt entre deux nuées de pierres. Une petite femme, que je soupçonne être celle du marchand, grimpée à une fenêtre du premier étage, gesticulait et criait de toutes ses forces.

Je n'oublierai jamais cette sorcière, au moment où elle me jeta une énorme planche, qui faillit brusquement terminer mon voyage.

Je fus obligé, pour me débarrasser de cette foule, dont je ne pouvais m'expliquer la colère, de décharger deux coups de revolver au milieu d'elle. Ai-je ou non sur la conscience, je ne sais, la mort de quelques Hakodadiens? je l'ignore. Toujours est-il que je profitai de la trouée qui se fit immédiatement devant moi, pour pousser en avant sans crier gare. A quelques pas de là, j'entendis un homme qui soufflait et qui geignait en courant après moi. Je crus d'abord que c'était un de mes agresseurs qui revenait, et je fis brusquement volte-face. Je me trouvai, à mon grand soulagement, en face de la bonne figure d'un matelot russe, qui, venu au bruit des coups de feu, me proposa de m'accompagner jusqu'à la légation anglaise.

Chemin faisant, il me raconta ce qu'il y avait d'explicable dans l'attaque dont je venais d'être la victime : deux jours auparavant, à la suite de je ne sais quelle dispute, un officier anglais avait été obligé de dégainer et avait coupé net le bras d'un Japonais. Or cette aimable population voulait se venger sur n'importe quel étranger qui lui tomberait entre les mains, et je me trouvais être celui-là.

Quand je fus entré dans le consulat, je respirai plus librement, je l'avoue ; cette maison hospitalière c'est presque la patrie, car dans ces régions éloignées, il suffit d'être Européen pour être compatriote.

Je racontai en grande hâte au consul ce qui venait de m'arriver, afin de n'être pas devancé par les autorités ; il approuva hautement ma conduite.

Il est triste d'être contraint d'en venir à ces extrémités, mais le gouvernement japonais met une telle incurie, une telle insouciance, à faire droit aux réclamations qui sont portées devant ses tribunaux, qu'il est plus court et plus rassurant de se faire justice soi-même.

Voilà où nous en étions à Hakodade, au moment où j'y arrivai : c'est-à-dire quarante Européens, luttant dans ce coupe-gorge, contre une population de soixante mille sauvages.

Ce fut dans ces circonstances que j'entrai en relations avec M. M. de C..., missionnaire lazariste, arrivé au Japon depuis la libre ouverture des ports.

Je ne savais point encore ce que c'était qu'un missionnaire catholique, avant d'avoir connu M. M. de C... Je trouvai en lui une nature charmante, affectueuse, ne se livrant pas à un prosélytisme exagéré, homme du monde surtout et avant tout, enfin le Français idéal que je souhaite pour compagnon à tout Français dans l'île de Yesso. Combien de bonnes soirées nous passâmes à causer de l'Europe, de la France, de Paris, car M. M. de C... n'était pas seulement mon compatriote, il était encore né sur le même petit coin de département que moi. Il me raconta brièvement son histoire : malade depuis plus de six années, rien n'avait pu le détourner de la tâche qu'il s'était imposée ; pendant six ans, il était resté aux îles Lie-Kieu, puis, sitôt l'ouverture des ports du Japon, il était venu s'installer à Hakodade. Cette installation était la plus charmante du monde, et je n'aurais jamais pu comprendre, avant de l'avoir vue, comment un Européen, si loin de la mère patrie, peut se procurer presque tous les mille riens utiles qu'il trouverait dans sa famille même.

M. M. de C... put rendre, dans ces derniers temps, de fréquents services, tant au consulat anglais et russe, qu'à ses compatriotes isolés : il occupe, en effet, à Hakodade, une position à part ; il parle le chinois et le japonais comme les naturels du pays ; sa propagande religieuse est constamment appuyée de services rendus ; il s'est fait le médecin du corps, comme il s'est fait le médecin des âmes ; aussi ne trouve-t-il, dans ces populations difficiles à fréquenter, qu'estime et vénération; il profite de la facilité de mouvement que lui donne cette situation particulière pour mettre en ordre des travaux qui, nous n'en doutons pas, jetteront un grand jour sur la situation et les mœurs japonaises ; il préparait, lors de mon départ, une grammaire et un dictionnaire qui doivent être près d'être achevés à l'heure qu'il est.

M. M. de C... vivait généralement seul avec un jeune garnement chinois, appelé Tao-lin, qui lui servait de domestique et d'enfant de chœur. Il voulut bien déroger à ses habitudes de solitude en me donnant une hospitalité de quelques jours, dont je lui garde une reconnaissance profonde.

CHAPITRE IX

M. W... — Cava-Saku. — Un prince marchand de bœufs. — La chasse au cochon. — Les Cacolets. — Un étrangleur. — Les Japonais se ruinent pour acheter des rats. — Moyen de ne pas les détruire. — Un capitaine hilare. — *Le Marengo*. — L'île Hituroup. — Les Aïnos.

M. M. de C... ne fut pas le seul Européen que je connus à Hakodade, et il serait injuste de ma part de passer sous silence un jeune méthodiste anglais, M. W... C'était un jeune homme blond, mince et timide, avec de grands yeux bleus à fleur de tête. Il venait d'arriver à Hakodade ; je le présentai à M. M. de C..., et quoique ministres de cultes différents, ils s'entendirent à merveille.

Un soir, M. M. de C... me fit une proposition que j'acceptai avec grand plaisir ; il s'agissait d'une excursion dans l'intérieur de l'île, qu'il eût été imprudent à moi de tenter, si je n'eusse été sous sa sauvegarde.

M. M. de C... devait aller rendre visite à une famille de paysans qu'il protégeait. Le lieu où elle habitait n'était pas très-éloigné de superbes volcans, moins remarquables, il est vrai, que le Fusi-hama, ce Vésuve de l'île de Niphon, mais très-intéressants à beaucoup d'égards. Nous devions être accompagnés dans cette excursion par le petit M. W..., et par un certain Cava-Saku, ancien prince japonais de la province de Mitto, envoyé en exil à Hakodade pour crime de rébellion, et réduit à la condition de marchand de bœufs. On laissa la maison sous la garde du Chinois Tao-lin, et nous partîmes tous les quatre à cheval, le lendemain, dès l'aurore. La façon dont M. W... se tenait en équilibre sur sa monture m'inspira, dès le départ, des doutes violents sur ses talents d'équitation. M. M. de C... marchait à l'avant-garde; je le suivais à quelques pas, côte à côte, avec l'excellent prince Cava-Saku; ce marchand de bœufs était un homme placide, ne paraissant pas le moins du monde surpris du commerce qu'il faisait. On eût dit qu'il avait appris à vendre des bœufs sur les marches d'un trône.

Cava-Saku! le singulier nom! Je n'ai jamais pu le prononcer sans rire; et cependant il y a une ville près de Yoko-Hama qui porte un nom tout semblable!

Quant au missionnaire anglais, il arrivait bien en arrière, osant à peine, de temps en temps, talonner sa monture pour se rapprocher de nous. Cependant, à mesure que nous avancions dans l'intérieur des terres, il se résignait à pousser son cheval au trot; je reconnus là l'influence de quelques récits inquiétants que nous avait faits le bon Cava-Saku avant le départ. Il s'agissait des prouesses des ours qu'on rencontre assez fréquemment dans la contrée.

Il était clair pour moi que M. W... ne se soumettait aux secousses du trot irrégulier de son cheval que dans la crainte, assez légitime du reste, de se trouver en tête à tête avec quelqu'un de ces hôtes incommodes de l'île de Yesso. Mon prince, qui d'abord faisait le brave, commençait à devenir visiblement inquiet, et moi-même qui n'ai jamais eu de relations suivies avec les bêtes féroces, je ne laissais pas de partager à un certain degré cette appréhension.

La nuit nous surprit aux deux tiers de notre voyage; heureusement nous n'étions pas très-éloignés d'une habitation abandonnée où nous pouvions passer la nuit, tant bien que mal.

Nous y arrivâmes bientôt en effet, et à peine installés, le doux Cava-Saku s'étendit modestement devant la porte; je l'imitai. M. M. de C... se mit à réciter son bréviaire dans un coin de la chambre, et M. W... se livra avec froideur à la recherche d'un confortable absent; en résumé, le pauvre missionnaire était très-désagréablement affecté, il regrettait son lit. Il s'improvisa, comme il put, un traversin avec des planches. Je l'entendis pendant quelques instants se retourner et soupirer; après quoi, sa respiration plus égale m'apprit qu'il était enfin endormi. Nous n'avions rien de mieux à faire qu'à suivre son exemple, et une heure après, tout le monde ronflait consciencieusement dans la hutte.

Vers la fin de la nuit, nous fûmes brusquement réveillés par des cris inarticulés qui semblaient sortir du traversin où reposait W...; nous accourûmes, et nous trouvâmes le pauvre homme, les mains crispées, les yeux hagards, et murmurant à peine d'une voix inintelligible :

— Les ours ! les ours !

Je ne sais qui était plus pâle, de W... ou du prince Cava-Saku; cependant ce dernier finit par faire contre fortune bon cœur et saisit son sabre; j'armai mon fusil, nous voici tous sur le qui-vive ! Nous n'entendîmes rien tout d'abord; bientôt une série de grognements sauvages accompagnée d'un mouvement désordonné du traversin de W... succéda au silence; en un bond, le missionnaire se trouva au milieu de la chambre. Nous préférions une certitude — fût-elle désagréable — à cette anxiété.

En dépit des supplications du petit Américain qui s'accrochait à nos habits, et ne voulait pas — disait-il — nous laisser dévorer par les bêtes féroces, nous sortîmes avec le brave Cava-Saku, dans l'intention de tourner la maison, pour voir de plus près l'ennemi qui nous attaquait. Je ne sais quelle put être l'impression du missionnaire méthodiste en entendant, au bout de quelques instants, le bruit de mon coup de fusil et de mon éclat de rire. Le terrible Cava-Saku acheva la victime d'une estocade de son grand sabre; nous rentrâmes bientôt en triomphateurs, portant, qui par la tête, qui par le train de derrière, un jeune cochon sauvage, qui était la cause de tout cet émoi.

Le jour parut bientôt au milieu du rire que nous causa cette aventure, et, avec le jour, vint un indigène qui nous apportait le riz de notre déjeuner; quelques tranches de notre ennemi vaincu l'accompagnèrent fort bien, et comme Cava-Saku était un héros rempli d'ordre, le repas fini, il plaça le reste de l'animal sur l'arçon de sa selle.

Deux heures après, nous pouvions admirer le spectacle merveilleux des montagnes volcaniques. La plus élevée lançait continuellement des torrents de soufre en fusion, et les deux autres soufflaient sans interruption, comme d'énormes tuyaux de locomotives, une fumée blanchâtre et suffocante. Je ne pus m'approcher d'elles à plus d'un kilomètre. A une lieue à peine de ces volcans, on peut remarquer une mine d'étain inexploitée, et qui m'a semblé cependant très-abondante. A chaque instant, le gibier fuyait ou s'envolait sous les pas de nos chevaux. Je ne m'attachai qu'aux lièvres, aux gelinottes, aux canards sauvages, aux perdrix, plus aisément transportables; La seconde édition du cochon sauvage put être ainsi accompagnée de quelques plats qui n'étaient pas à dédaigner, notre nourriture habituelle se composant exclusivement de riz.

Depuis le matin, cependant, M. W... avait l'air absorbé; la secousse qu'il avait ressentie la nuit précédente avait remué trop vivement les nerfs du pauvre homme pour qu'il pût se remettre d'aussi grandes émotions en vingt-quatre heures. C'est en vain que, pour l'égayer, nous racontâmes avec toutes les variantes possibles l'histoire de notre alerte; à peine pouvions-nous lui arracher de loin en loin un pâle sourire. Ses préoccupations morales étaient encore aggravées par les préoccupations matérielles que lui causaient certaines parties de son individu. J'ai déjà dit que W... n'était pas précisément un Franconi ! Aussi pour lui faire faire les cinquante kilomètres à peu près qui nous séparaient d'Hakodade, nous fûmes obligés de lui organiser une sorte de cacolet avec des branches d'arbre et d'accomplir tout le trajet au pas.

Un danger plus réel attendait M. M. de C... au retour de cette expédition tragi-comique. Tao-lin, son jeune domestique chinois, avait profité de l'absence de son maître pour se griser abominablement. Nous le trouvâmes dans un état d'hébétude dont il ne sortit que pour rentrer dans un état de rage furieuse : plus un Chinois a bu, plus il veut boire. Tao-lin, qui n'avait vraiment plus rien d'humain à cet instant, réclama à M. M. de C... je ne me rappelle plus quelle somme d'argent ; celui-ci la refusa doucement, mais fermement. Tao-lin, qui savait que toutes les paroles de son maître étaient sérieuses, n'insista pas davantage, et s'en fut se coucher en grommelant ; ma chambre, par bonheur pour le missionnaire français, n'était séparée de la sienne que par un mince parpaing. Je connaissais assez le caractère rancunier des Chinois pour n'avoir pas une trop grande confiance dans l'apparente soumission de Tao-lin ; lorsqu'au milieu de la nuit je fus réveillé par le bruit d'une lutte, je me trouvai immédiatement au courant de la situation. J'arrivai à la hâte, à peine vêtu, le pistolet au poing ; il était temps ! Tao-lin ne songea pas à résister aux arguments de mon révolver, et je reçus de M. M. de C... la plus cordiale poignée de main que l'on m'ait donnée de ma vie.

Cependant mes intérêts me poussaient à quitter le plus promptement possible Hakodade. Ce projet ne laissait pas d'être arrêté par une difficulté grave. Il est rare qu'à cette époque de l'année les navires viennent relâcher à l'île de Jesso; cependant l'espoir n'était pas complétement éteint chez moi, et tous les jours, en me levant, je jetais les yeux sur le port, dont j'embrassais presque tout le panorama de mes fenêtres. Un matin, je vis, à ma grande joie, un schooner minuscule, surmonté d'un gigantesque drapeau américain, mouillé au milieu des barques japonaises. Malgré la saison avancée, son capitaine, à ce que j'appris dans la journée, voulait tenter d'arriver jusque dans les baies russes des côtes de la Mantchourie. Je saisis avec joie cette occasion de partir. Il me semblait que de la Mantchourie il me serait aisé d'atteindre les points de l'intérieur que je désirerais visiter après quelques jours de repos. Je remerciai cordialement mon hôte et je m'embarquai sur *la Caroline E. Foote*, capitaine Worth.

Le capitaine lui-même vint me recevoir. La première observation que je lui fis tendait à lui démontrer qu'il serait préférable que son bateau fût plus grand et son drapeau plus petit. Il me répondit par un éclat de rire (un hiatus jovial) qui dura au moins dix minutes, et finit par dégénérer en une attaque nerveuse. Ce début ne promettait rien de bon, surtout lorsque son second me raconta comme quoi le capitaine avait l'ivresse ultra-gaie. *La Caroline* était un petit *canard*, comme disent les Américains ; il jaugeait soixante tonneaux à peine ; l'équipage se composait en tout : du capitaine, du second, de trois matelots et de moi, par aventure ; total, six personnes.

Avant de quitter, probablement pour ne jamais y revenir, l'île de Jesso, je ne veux pas passer sous silence une particularité.

Cette île est, à la lettre, infestée de rats ; or voici la légende qui se rattache à l'invasion de ces rongeurs :

Autrefois le rat était un animal absolument inconnu au Japon, lorsqu'un jour le commodore Perry, de la marine américaine, arriva à Hakodade. La cale des navires ne ressemble pas à la terre du Japon : le rat y naît spontanément ; le commodore Perry en avait, parmi sa nombreuse collection, apprivoisé deux de la plus belle venue et de la plus pure blancheur.

La première fois que les indigènes aperçurent ces animaux, ils s'extasièrent sur leur grâce, leur agilité, la beauté de leur fourrure ; bref, ils leur trouvèrent tous les charmes qu'on prête en tous pays à l'inconnu. Ils sollicitèrent donc et obtinrent de l'excellent marin qu'il leur cédât ce couple, moyennant une somme très-forte. — Tous les Américains sont commerçants ; le brave commodore céda et se sépara de ses deux petits animaux, avec regret, — disait-il aux acquéreurs, — mais, à part lui, en se moquant beaucoup de leur naïveté.

Ce fut dans l'île une rage ! Il était de mode d'avoir son rat ! Une bonne maison sans rat ? Fi ! Chaque femme à la mode (il y en a partout), les *lorettes*, quelque nom qu'on leur donne, ce sont comme les rats, elles croissent sur tous les sols ; les *lorettes* japonaises raffolèrent de ces petits bestiaux, de même que nos *japonaises* de la place Breda raffolent des petits chiens dits havanais.

Les matelots sollicités commencèrent par se faire tirer l'oreille, afin de ne pas déprécier la marchandise, puis ils vendirent à celui-ci des rats gris, à celui-là des rats noirs, à cet autre des rats fauves, — et firent d'excellentes affaires.

Les Hakodadiens goûtèrent une joie sans mélange.

Mais la satisfaction générale se modifia peu à peu, à mesure que la gent trotte-menu, prolifique de sa nature, se multiplia sans rien perdre de ses habitudes de destruction et de voracité.

Ce fut un *tolle* universel.

Trop tard ! comme à l'Ambigu.

Un peu honteux et confus de s'être, de leur propre volonté, gratifiés d'un tel fléau, les Japonais n'osèrent se plaindre aux Américains, mais ils leur demandèrent quel moyen on employait en Amérique pour détruire les rats.

— Pour ça, répondit un vieux gabier, tout ce que je peux vous dire, c'est qu'on ne sait pas très-bien comment ils viennent, mais on ne sait pas du tout comment ils s'en vont.

Les bons Japonais durent se contenter de cette réponse.

Et c'est pourquoi il n'existe guère de contrée plus infestée de ces rongeurs que le Japon. Ils sont tous menacés du sort de l'évêque Otto, dévoré vivant dans une des îles du Rhin par une formidable armée de rats.

Revenons à mon capitaine yankee, qui naviguait continuellement entre le gin et le wisky.

Pendant les premiers jours qui suivirent mon embarquement, les choses se passèrent assez bien, le capitaine était d'une gaieté folle depuis le matin jusqu'au soir. Cette hilarité constante me jetait cependant dans quelques inquiétudes inspirées par les explications du second. Le 11 septembre nous étions déjà en dehors du détroit de Sangar, en vue de la petite ville de Matsmaï; le soir le vent fraîchit; le lendemain nous eûmes quelques grains; le troisième jour le temps devint aussi mauvais qu'on pouvait le craindre, et le capitaine Worth riait toujours. Le soir, son hilarité s'accentua tellement qu'on fut obligé de le coucher vers minuit. Le mauvais temps se transforma en tempête, si soudainement que l'on ne put même pas plier la voile avant qu'elle fût mise en lambeaux. Une vergue tomba sur le pont et manqua de tuer un de nos hommes. La nuit fut affreuse: un ciel d'un noir opaque, une mer terrible, une mort quasi-certaine; nous étions en ce moment à l'entrée du détroit de la Peyrouse, dont le goulet possède une réputation funèbre. Le matin, le vent redoubla, brisa le grand mât et enleva notre cuisine : le choc fut terrible; pour comble de malheur, dix ou douze tonneaux de mélasse se brisèrent; nous voici pris à la glu. La situation eût été comique si elle n'eût été déplorable. Cette réflexion naïve était pourtant vraie.

Le capitaine, qui montait en ce moment sur le pont,

partit d'un éclat de rire furieux en me voyant empêtré dans cette matière gluante. Je l'eusse volontiers étranglé : de fait, ce n'était guère le moment de rire ; la manœuvre était difficile ; la mélasse avait rendu le pont tellement glissant qu'il était impossible de se tenir debout ; notre cuisine était à tous les vents, et nous ne pouvions plus nous nourrir que de salaisons et de biscuit.

Cette situation dura trois jours, au bout desquels, fatigués, mais sauvés, nous aperçûmes la terre à travers un voile de brouillards : nous étions en face de la première des Kouriles. Le vent nous avait fait franchir, en nous chassant devant lui, le détroit tout entier. Nous étions considérablement écartés de notre route, mais nous n'avions guère le temps de songer à ce petit malheur après le danger auquel nous venions d'échapper comme par miracle.

Là nous trouvâmes l'équipage du *Marengo*, capitaine Jolly, qui nous fit une réception des plus cordiales ; cependant j'étais dix fois plus embarrassé que lors de mon départ d'Hakodade. Notre schooner était dans un si mauvais état qu'on ne pouvait songer à continuer la route. Le *Marengo*, qui était un baleinier, devait repartir sous très-peu de jours : l'intention du capitaine Jolly était d'aller croiser vers Petropolowska, pour de là passer, si possible était, dans la mer d'Okotsk, où il avait l'intention d'hiverner à Hayan, afin d'être prêt à la pêche dès l'ouverture de la saison favorable. Cet itinéraire me convenait assez ; mais certaines considérations financières me faisaient paraître difficile, sinon impossible, de le partager : ce surcroît de dépense allait alléger d'une façon inquiétante ma bourse, qui déjà ne pesait guère. Mon capitaine hilare, à qui je parlai de cette combinaison, me rassura :

— J'ai connu, me dit-il en riant de ses trente-deux dents, le capitaine Jolly, dans un des ports de l'Union, c'est un bon enfant, *porté sur sa bouche*, vous lui plairez !

Le *porté sur sa bouche* me fit réfléchir. Voudrait-il me manger ?

En arrivant à bord du *Marengo*, j'aperçus un sac de pommes de terre et quelques boîtes de graisse : ce fut pour moi une révélation : acheter des pommes de terre et une des boîtes fut l'affaire d'un instant ; j'endossai le tablier du *cook*, et je préparai le plus délicieux plat de pommes de terre frites que j'aie jamais mangé. Je ne me savais pas si bon cuisinier !

Il est vrai que ce plat, qui m'eût coûté quatre sous dans un cornet de papier, sur le Pont-Neuf, du temps où il y avait des marchands de pomme de terre frite, me revenait à cent francs. L'argument de ma friture fut tout-puissant sur l'esprit du capitaine Jolly.

Le dîner fut d'une gaieté folle : à la fin du repas, Worth riait à se démolir les entrailles, et le capitaine Jolly cassa deux ou trois bouteilles sur le dos d'un mousse. Les genres d'ivresse varient selon les tempéraments.

Le lendemain, je réglai complétement mon passage avec le *Marengo* ; ce passage était gratuit, mais je m'engageais, par contre, à tenir les livres du bord.

Quatre jours après nous devions lever l'ancre, ce qui allait me permettre d'examiner de près les naturels de l'île Hituroup, une des quatorze Kouriles.

La population des Kouriles diffère entièrement de celle du Japon.

Les Aïnos, pêcheurs et chasseurs, sont à la fois tributaires du Japon et de la Russie; ils payent leurs impôts soit avec les produits de leur industrie, assez grossière, soit en loutres de mer, pelleterie très-estimée, surtout en Russie. Cette population est comme une grande famille, qui s'étend jusqu'à la pointe du Kamschatka, et qui occupe toute l'île de Seghalien; elle doit compter à peu près soixante mille individus, dont les mœurs diffèrent essentiellement des mœurs japonaises.

La première fois que je me trouvai en face d'un Aïnos, je fus frappé de la beauté mâle du type qui se présentait à moi. C'était un homme de haute taille, au teint blanc mat, aux épaules larges, au corps robuste, à l'œil bleu, au nez grec, en un mot d'une physionomie complétement européenne, et qui rappelait, par beaucoup de points, celle des Romains du Transtevère. La barbe de cet Aïnos lui tombait jusqu'à la ceinture, et sa robe, ouverte sur la poitrine, découvrait à nu un corps presque aussi velu que celui d'une bête sauvage.

Il me salua d'une façon particulière, qui n'est autre chose qu'une génuflexion profonde, et, de la voix et du geste, m'invita à entrer dans sa cabane. Cette cabane, moitié bois, moitié pierre, avait dû être construite par lui et par les siens. Je n'ai jamais mieux compris les mœurs patriarcales des premiers temps que dans cet intérieur d'Aïnos : obéissance absolue au père de famille, travail et soumission quasi servile de la femme; c'est un reflet des mœurs primitives. La première chose que je vis en entrant, ce fut un grand vieillard magnifiquement grave, qui me parut le *pater familias*. Sa longue barbe, du blanc le plus neigeux, lui tombait jusqu'à la ceinture, et ses cheveux, également blancs, jusqu'au milieu du dos. Cinq hommes, que je supposai être ses fils, étaient rangés à côté de lui ; les femmes vaquaient aux soins du ménage. On servit une collation à laquelle je dus prendre part. La partie liquide de ce repas se composait d'une infusion de thé, dans laquelle était délayée une sorte de farine d'orge. Cette liqueur était contenue dans une grande écuelle placée au milieu de la chambre : chacun de nous, à tour de rôle, venait plonger dans le liquide une petite tasse de bois ; du poisson frais formait la partie solide du festin.

Cette collation terminée, le patriarche se leva et chacun suivit son exemple. Moitié en japonais, moitié en français, je remerciai ces braves gens, et je me retirai en leur promettant de revenir le lendemain; mais ils ne voulurent pas me laisser partir avant que j'eusse accepté quelques menus objets qu'ils m'offraient à titre de souvenir.

D'où viennent ces gens ? qui sont-ils ? à quelles races appartiennent-ils ? Voici ce qu'il serait difficile de préciser : ils ont bien une histoire, mais ils l'ont oubliée, et les souvenirs des plus anciens sont bien vagues et bien diffu[...] quant à leur langue, elle diffère essentiellement du japonais; res[...] légende qui m'a été communiquée. Je la livre [à l']ap[pré]ciation de mes lecteurs; — s'ils peuvent trouver un indice sur l'enfance de ce peuple, j'en serai enchanté.

« Après le *déluge*, une femme échappée par miracle vint s'é[...] dans une des îles formant l'a[rc]hipel; elle avait avec elle des attributs de chasse et de pêche. Une barque la portait. Elle vécut isolée dans un immense jardin. Un jour, que, harassée, elle se baignait, elle aperçut un chien; terrifiée, elle s'enfuit et se cacha : l'animal l'avait vue et bientôt il la retrouva. « Pourquoi te caches-tu? lui dit-il. — J'ai peur, ré» pondit-elle. — Veux-tu un protecteur? » dit le chien. Elle ne répondit pas. « Accepte, ajouta l'animal, et » moi près de toi, rien au monde ne pourra plus t'ef» frayer. » Elle accepta, et de cette union naquit l'Aïnos.

Voici la légende. Au fond, c'est peut-être un peu vague; cependant on m'a assuré que l'on en trouve des traces dans les livres japonais.

En sortant de cette maison d'Aïnos, où j'avais été si cordialement reçu, je tombai au milieu d'une bagarre qui commence la série de mes déboires avec le capitaine Jolly.

CHAPITRE X

Combat d'Aïnos et de Yankees. — Le capitaine est ferme. — Exécution. — Un enterrement à bord. — Le capitaine est fou. — Petropolowska. — Le cimetière anglo-français. — L'amiral K...

Lorsque je me disposais à monter à bord après avoir remercié avec effusion mes Aïnos, j'entendis un grand bruit de voix; c'étaient des Japonais et des Anglo-Yankees qui se disputaient et se jetaient des bouteilles à la tête. Comme tout l'équipage était à terre et avait certainement bu outre mesure, je devinai aisément que la querelle devait être d'autant plus violente qu'elle était plus absurde.

Il était arrivé ceci :

Les Américains n'avaient pas compris les Japonais,

lesquels n'avaient pas compris les Américains; de là une cacophonie impossible à décrire, puis une bataille; c'était aussi simple que cela.

Au bout d'un moment, je vis accourir vers moi un mousse tout haletant qui criait :

— Le capitaine! le capitaine!

Je lui indiquai l'endroit où je supposais qu'il devait être, et je me hâtai de me rendre sur le lieu du combat, qui devenait sérieux.

Plusieurs chaises avaient été brisées sur les têtes des belligérants; des chaises, on en était venu aux bouteilles : le *saki* et le sang coulaient en abondance.

Au même instant, le capitaine Jolly accourait, brandissant un énorme bâton avec lequel il se mit à frapper littéralement *dans le tas.*

Cette attaque inopinée détourna l'attention des forcenés, et le combat cessa comme par enchantement.

— Tout le monde à bord! hurla le capitaine d'une voix tonnante, car il commençait à craindre pour ses hommes.

En effet, les Japonais avaient été chercher du renfort, et quelques Aïnos athlétiques s'étaient déjà mêlés au combat, la lutte allait recommencer vingt contre un.

À son ordre, les moins récalcitrants, ou peut-être les moins endommagés, se dirigèrent vers le rivage, d'autres y mirent un peu plus de mauvaise volonté; seuls, trois matelots s'y refusèrent complétement.

— A bord! damnés *fils de chien (damned sons of a bitch)* que vous êtes! répéta-t-il.

— Nous avons la permission jusqu'à neuf heures, il n'en est que sept, nous n'irons pa...

Le capitaine pâlit.

— Voulez-vous obéir? fit-il d'une voix contenue par la colère.

Un des matelots, qui probablement avait bu plus que les autres, le plus jeune d'ailleurs et le plus réfléchi, se plaça résolûment devant lui et dit.

— Je ne fais pas attention à un *damné* capitaine de votre espèce; je me moque de votre *damné* navire, et ne veux pas rester à votre *damné* service !

Le capitaine devint livide.

A mesure que le matelot parlait, le commandant avait été pris d'un tremblement nerveux, sa main droite s'était emparée de son revolver; à la fin de la phrase, le matelot tombait roide mort.

— Enlevez cet homme, et qu'on le porte à bord.

En un instant, le cadavre était sur le canot, et quelques minutes après nous étions tous sur le navire.

Le lendemain, à la pointe du jour, nous levions l'ancre; tout l'équipage était rentré dans la soumission.

On commençait à oublier l'incident de la veille, dont le dénoûment avait été si dramatique, lorsque soudain on vit sur le pont deux matelots portant un sac de toile grise.

Les derniers murmures cessèrent.

Le capitaine parut. Sans regarder le cercueil de toile, il se dirigea vers un autel dressé sur le tillac, et, d'une voix lente, récita quelques versets de la Bible. Dix minutes après, le corps du jeune marin était jeté à la mer.

Ces scènes tragiques m'avaient profondément ému. Je me demandais si le capitaine Jolly avait le droit d'agir comme il l'avait fait? Hélas! je dus l'avouer, il avait eu raison, sa conduite énergique avait sauvé l'équipage. Cette justice, exercée sur un de ses hommes, avait prouvé aux indigènes que le commandant blâmait les actes de ses subordonnés. Sans ce drame, il est probable que nous eussions été forcés de lever l'ancre, au milieu d'une nuit noire, ce qui était dangereux, car nous ne connaissions pas le port et nous pouvions nous briser en mille pièces sur la côte.

Le Marengo était un navire de 1,000 tonneaux, parfaitement gréé et monté par trois cent cinquante hommes. L'organisation de ce baleinier était toute militaire; les commandements se faisaient au tambour et au clairon. Il était parti depuis trois ans des îles Honolulu, et il avait encore deux ans de mer à tenir avant d'avoir complété son chargement. L'intention du capitaine était de retourner ensuite dans un port de l'Amérique pour désarmer.

Le capitaine, très-gracieux pour moi jusqu'alors, m'avait donné une cabine près de la sienne. C'était, au bout du compte, un excellent homme que ce M. Jolly, — un bon marin s'il en fut, — seulement, la nature humaine n'est pas parfaite, — il aimait trop l'eau-de-vie, c'était déplorable!

Un soir, après avoir absorbé un nombre illimité de grogs, nous nous quittâmes vers onze heures. J'étais très-fatigué et un profond sommeil s'empara de moi. Tout à coup je fus réveillé par un bruit singulier, partant de la chambre voisine de la mienne ; je cherchais à me rendre compte de ce vacarme, lorsque ma porte vola en éclats, et le capitaine, un revolver à la main, apparut devant moi. Je me levai sur mon séant ; mais, avant d'avoir eu le temps de me mettre complétement debout, je vis mon homme chanceler et tomber par terre. Le malheureux avait oublié que deux marches séparaient ma chambre de la sienne. C'est à cela que je dus la vie, car il avait été subitement pris d'une attaque de folie furieuse, et, bien certainement, aucun raisonnement n'aurait pu le désarmer.

Cette chute amena une réaction salutaire ; les seconds accoururent à mes cris, et, relevant le capitaine, nous fûmes le porter dans son lit. Je rentrai dans ma cabine, en essayant de me rendormir, mais ce fut vainement ; je pus donc entendre un petit complot que faisaient les officiers subalternes à deux pas de moi. Cette conspiration avait pour moi peu d'importance, car j'ignorais les habitudes du nerveux M. Jolly, mais, pour eux, elle en avait une grande ; il s'agissait simplement de jeter le lendemain tout l'alcool à la mer, afin d'éviter le renouvellement de scènes semblables.

Le complot eut sa complète réalisation ; mais s'il empêcha l'ivresse, il ne calma pas la mauvaise humeur. Le capitaine, qui ne pouvait plus boire, était devenu sombre et taciturne et se vengeait indûment, sur son équipage, de sa sobriété forcée ; les punitions avaient plus souvent leur tour que les doubles rations ; pour comble de malheur, les seconds de quart n'apercevaient aucune baleine.

Cependant le temps devenait de plus en plus froid, et nous commencions à rencontrer des glaçons, qui firent craindre au capitaine de se trouver pris dans les banquises.

Le lendemain, nous prenions le point, et, quelques jours après, nous entrions à pleines voiles dans le port de Petropolowska, où nous devions hiverner.

La baie de Petropolowska est spacieuse ; elle possède trois ports bien distincts, dans chacun desquels les navires sont parfaitement à l'abri ; l'un de ces ports ne gèle jamais, ce qui permet une communication continuelle et par mer entre les navires et la terre. C'est dans la baie du Sud que se réfugient tous les navires ancrés, au moment des froids ; ils évitent ainsi les précautions, souvent insuffisantes, que ces navires sont obligés de prendre au moment de la débâcle. La débâcle, lorsqu'elle est accompagnée des vents du pôle, amène des glaçons énormes qui broient ou coupent les bâtiments ; de fréquents exemples de ces faits remplissent les annales de la marine russe.

Au moment où nous entrions dans le port, un navire de guerre russe, le steamer *le Mantchour*, était à l'ancre.

Petropolowska est considérée comme la capitale du Kamschatka. La ville a un aspect moitié européen, moitié indigène.

La première chose qui me frappa, en arrivant à terre, ce furent deux grands espaces entourés d'une clôture de bois ; au milieu de l'un, je lus cette inscription sur une petite plaque également en bois :

Ci gisent les Français!

Au milieu de l'autre, je lus ceci :

Here lie the English!

C'étaient les tombes des Français et des Anglais tués dans la tentative malheureuse des armées alliées contre Petropolowska, pendant la guerre de Crimée.

Cette affaire, qui nous coûta de grandes pertes, sans amener aucun résultat, est, je crois pouvoir l'affirmer, assez peu connue en France, au moins dans ses détails. J'ai pris à ce sujet, durant mon séjour à Petropolowska, des renseignements que je puis certifier conformes à la vérité.

Voici quelle était la situation de Petropolowska au moment où l'attaque de cette place eut lieu.

La garnison était exténuée, les munitions de guerre manquaient presque complètement, les vivres étaient rares, et le gouverneur avait reçu la veille des ordres précis de Pétersbourg qui lui enjoignaient d'opérer l'évacuation de la place. Ces ordres s'exécutaient déjà, lorsque la flotte alliée fut signalée. Il était trop tard pour songer à la retraite, il fallait se préparer à la défense.

En conséquence, le gouverneur disposa ses forces le mieux qu'il put. Sur une garnison de cinq cents hommes, les deux tiers étaient malades et hors d'état d'opposer la moindre résistance.

Évidemment, ce n'étaient pas là des ennemis bien redoutables, et les Russes ne se préparaient à combattre que pour mourir vaillamment.

Le jour se leva avec un brouillard des plus intenses, qui couvrait toute la côte.

Le débarquement s'effectua en bon ordre et sans être inquiété. Malheureusement, on n'y voyait absolument rien, on n'avait aucune indication, et le tir, dirigé contre la place, ne l'était qu'au jugé, de sorte que c'était de la poudre perdue ; aucun coup n'atteignait le but.

Vers dix heures, le brouillard se leva de terre et masqua plus encore les forts de la ville ; la position désespérée des Russes s'améliorait sensiblement : le *général Hiver*, leur général toujours victorieux, leur envoyait son chef le plus terrible, le brouillard.

Ils voyaient les alliés, les alliés ne les voyaient pas ! La canonnade et la fusillade foudroyaient les Anglais et les Français sans que ceux-ci pussent utilement riposter à cette foudre invisible.

En face d'un danger inévitable, et de ces obstacles que nul n'avait pu prévoir, on décida qu'il fallait se rembarquer à la hâte, et la dernière cartouche russe (ceci est un fait positif) était brûlée avant que le dernier allié eût abandonné cette terre de mort.

Ce fut du côté des assaillants une véritable panique, qui nous fit perdre un nombre considérable d'hommes. Les soldats se précipitaient en masse vers les canots, les Russes n'avaient qu'à tirer pour en faire un carnage épouvantable.

La retraite fut si précipitée, qu'on eut à peine le temps d'enlever les blessés ; on se résigna à laisser les morts.

Les Russes eux-mêmes, à propos de cette affaire, mettent la plus grande franchise à avouer que c'est moins à leur bravoure qu'à l'aide des éléments qu'ils doivent le succès de cette journée.

Malgré cette victoire inattendue, les Russes abandonnèrent la ville le lendemain, en faisant sauter les forts.

Ce fait d'armes valut au gouverneur de Petropolowska sa destitution; Nicolas Ier n'aimait point qu'on n'exécutât pas ses ordres, quel que fût le prétexte de cette inexécution.

L'amiral Pierce, commandant en chef de la flottille alliée, se suicida à la suite de cette catastrophe, en remettant ses pouvoirs à l'amiral Fournichon.

Les dernières paroles de ce malheureux et brave marin furent celles-ci :

— Je ne puis supporter le poids d'une semblable défaite !

Beaucoup d'indigènes ont encore entre leurs mains des fusils et des sabres, des képis, etc., ayant appartenu aux hommes du 2e régiment d'infanterie de marine et aux matelots qui périrent lors de ce funeste débarquement.

Une fois que j'eus pris terre, je me rendis chez le commandant de la place, et grâce à quelques lettres de recommandations que j'avais pour le gouverneur de la Sibérie orientale, dont il relève, il se mit fort galamment à ma disposition pour tout ce qui pourrait m'être agréable et dépendre de lui.

Je lui témoignai le désir que j'avais de visiter le Kamschatka et les nouvelles provinces de la Mantchourie. Il me répondit qu'à l'époque de l'année où nous nous trouvions, le trajet par terre était complètement impossible à effectuer, qu'il fallait attendre au moins un mois, afin de laisser les fleuves se congeler et les routes se couvrir de neige durcie.

Cette perspective me désappointait, et je ne pus retenir l'expression de ce désappointement.

— Ma foi, monsieur, me dit-il, vous êtes bien pressant! Pourquoi ne pas demeurer quelque temps avec nous? Je sais que, pour un Français et un Parisien surtout, la vie que nous pouvons vous offrir n'est pas des plus réjouissantes; cependant, c'est dans votre intérêt que je vous engage à suivre mes conseils et je vous promets de tâcher de vous rendre le séjour de Petropolowska le moins désagréable possible.

Son air était affable et sincère; cependant je lui répondis :

— Mille grâces, monsieur, pour l'excellent accueil que vous daignez me faire; sans doute je serais heureux de demeurer dans une ville où l'on rencontre des hommes comme vous; mais je vous ferai observer que, depuis mon départ de France, mon temps s'est trouvé fatalement usé par d'autres occupations que je m'étais délibérément fixées. Je voudrais donc, à quelque prix que ce fût, non rattraper le temps perdu, mais essayer d'atténuer les déplorables effets de cette perte par un redoublement d'activité : si vous pouvez m'aider à ce projet, ce sera me rendre le plus important de tous les services.

L'amiral K... réfléchit un instant.

— Puisqu'il en est ainsi, me dit-il, je ne veux pas insister davantage. Voilà ce que je puis faire pour vous. Le steamer *le Mantchour* doit hiverner à Nicolaewska, à l'embouchure de l'Amoor; il relâchera à la baie de Castries pour prendre un pilote, et, de là, remonter par la Manche de Tartarie : voulez-vous prendre passage à son bord?

— Avec le plus grand plaisir ! répondis-je.

— Fort bien, je vais donner mes ordres en conséquence. Seulement je vous ferai observer que *le Mantchour* devrait être parti déjà depuis trois jours et qu'il doit prendre la mer demain; aurez-vous le temps de faire tous vos préparatifs de départ?

Je me mis à rire.

— Mes préparatifs, amiral, qu'à cela ne tienne, ils sont faits d'avance! Je suis tout prêt, je n'ai guère que ma personne à transporter, puisque le reste de ma cargaison est au fond de la mer, à Pointe-de-Galles!

— Ce bagage est insuffisant, me répondit-il. Munissez-vous de fourrures, le froid, déjà très-vif, deviendra insupportable en mer.

Je le quittai en le remerciant, et je fis ces acquisitions.

J'allai faire mes adieux au capitaine Jolly. En dépit de son caractère houleux, ce marin était un excellent homme.

Ceci fait, je m'embarquai à bord du *Mantchour*, et je quittai Petropolowska, qui, malgré son titre pompeux de capitale du Kamschatka, n'est en somme qu'un bourg très-mince, composé d'une centaine de maisons en bois.

CHAPITRE XI

Le Mantchour. — La baie de Castries. — Nikolaewska. — Alexandrowska. — A cheval sur un bœuf. — Intérieur d'un poste russe. Les Cancrelas. — Le lac de Kiesy. — Marienski.

Le *Mantchour* est une frégate à aubes, armée de vingt-deux canons. Le commandant et la plupart des officiers parlaient français.

J'avais été recommandé avec sollicitude, aussi étais-je parfaitement traité.

La traversée fut rapide; le cinquième jour nous entrions dans la baie de Castries.

J'avais eu le loisir d'étudier en détail l'organisation et l'aménagement des bâtiments de guerre russes, et je fus vraiment frappé du peu de science pratique des officiers supérieurs. Ainsi, les détails du service, qui, en France, sont dans les attributions des officiers, tels que le point à prendre, les ordres à donner pour les manœuvres de la voilure, sont exécutés par des hommes d'équipage désignés sous le nom de maîtres pilotes.

Il y en avait quatre sur *le Mantchour*, tous quatre Allemands naturalisés. Toute la responsabilité du navire incombe à ces hommes. Quant aux officiers, leur besogne se réduit à être de quart, et encore fort irrégulièrement.

Par exemple, je modifierai mon jugement en ce qui concerne les hommes de bord : travailleurs infatigables, durs à l'ouvrage, habitués aux privations, ce sont de parfaits marins.

Malgré la rigueur du temps, ces hommes couchaient sur le pont, enveloppés dans des couvertures de laine.

Bien qu'ils fussent traités très-durement par leurs officiers, toute la journée on entendait ces matelots chanter les refrains de leur pays, Finnois ou Esthoniens pour la plupart, chants plaintifs dont la cadence monotone rappelle les noëls d'Alsace.

La baie de Castries offre une particularité géographique assez remarquable, et qui en fait une position très-sûre.

L'entrée du port est dissimulée, aux yeux du navigateur, par un triangle formé de trois îles, dont la plus grande est celle du milieu.

C'est à cette position que la flotte russe doit de n'avoir pas été écrasée, lors de la guerre de Crimée, par les forces alliées.

Au retour de Petropolowska, elles passaient devant Castries. Une canonnière anglaise lâcha sa bordée à tout hasard : les vaisseaux russes étaient cachés derrière l'île qui forme le grand côté du triangle dont j'ai parlé, de sorte que la flotte anglo-française, qui ne soupçonnait pas leur présence, continua sa route. Sans cette circonstance, il est probable que l'escadre russe eût été aisément détruite.

Castries, nom très-sonore, n'est en réalité qu'une simple station, composée de l'unique maison du poste, qui est occupée par une compagnie de soldats russes, sous le commandement d'un capitaine.

En débarquant, nous apprenons par les rapports déposés par les pilotes que le Léman ou plutôt la Manche de Tartarie, ainsi que le désignent les cartes, avait charrié déjà d'énormes glaçons, et que la route, jusqu'à Nikolaewska, était interceptée.

Le commandant du *Mantchour*, suivant ces avis, renonça à continuer d'avancer. Une fois encore, je me vis obligé d'aviser aux moyens de tourner ou de vaincre les obstacles qui persistaient à s'opposer à ce que j'arrivasse au but que je voulais atteindre.

Je me fis, en conséquence, descendre à terre, et j'allai rendre visite au capitaine du port, auquel m'avait recommandé le commandant du *Mantchour*.

Ce capitaine était un charmant homme.

Il y avait déjà cinq ou six ans qu'on lui avait confié ce poste isolé et triste. Chaque année, il espérait que, en reconnaissance des services qu'il y avait rendus, on le destinerait à une position plus importante; mais compter sur la reconnaissance ou la sollicitude du gouvernement moscovite est l'erreur la plus grossière qui puisse germer sous un crâne humain. On avait trouvé qu'il remplissait à merveille l'emploi qui lui était confié et on l'y laissait.

Aussi sa physionomie était-elle sombre, ses mouvements brusques, sa parole pleine d'une morne tristesse; on sentait que cet être isolé du reste des hommes était en proie à un ennemi dévorant, l'ennui qui rongeait sa vie.

Il avait emmené sa jeune femme, qui formait avec lui le plus frappant contraste.

C'était une mignonne et délicieuse créature, au teint blanc et mat, aux cheveux abondants et du blond le plus ravissant qu'il soit donné à un poëte de rêver.

Elle était fort instruite, douce, aimante et même gaie dans ce milieu sombre qu'elle seule illuminait de toutes ses grâces, cherchant, par toutes les délicatesses féminines, à dissiper, autant que possible, les profonds chagrins et les découragements auxquels son mari était en proie. Pendant les deux jours que je passai auprès de ce couple exilé (quel plus dur exil pourrait-on inventer que le gouvernement de Castries?), je fus à même d'apprécier tous les mérites de cette charmante personne. Elle parlait français et allemand; nous causâmes beaucoup dans ces deux langues. Elle me questionna longuement sur Paris, qu'elle n'avait jamais vu, mais qu'elle désirait connaître; sa conversation était enjouée, vive et spirituelle. Elle était de plus excellente musicienne ; si c'est là un talent qu'on maudit parfois, parce qu'on en abuse, on est bien aise de le rencontrer à Castries.

De Castries à Nikolaewska, il y a une distance de 450 verstes : la verste est de 1,060 mètres. Malheureusement, nous étions au moment où les rivières commencent à geler et où les routes se couvrent de neige. Le capitaine me conseillait de demeurer à Castries une quinzaine de jours. Je pourrais alors profiter du traînage, possible vers cette époque. Ces lenteurs me fatiguaient ; j'étais résolu, coûte que coûte, à arriver le plus promptement possible à Nikolaewska, sauf à y rester un mois pour y attendre une saison plus favorable à la continuation de mon voyage. D'ailleurs, 450 verstes, 120 lieues, ne m'effrayaient pas. Mon bagage était léger ; il se composait d'une petite valise, contenant quelques vêtements, d'un fusil à deux coups, d'un révolver de Colt et d'une hache.

Je quittai Castries vers dix heures du matin ; j'étais accompagné d'un soldat russe qui portait jusqu'à Alexandrowska le courrier déposé par *le Mantchour* et destiné à Saint-Pétersbourg.

Le moyen de locomotion que nous employâmes est assez original pour être relaté. Nous ne montâmes ni à cheval ni à âne, ce ne fut pas non plus un véhicule quelconque qui nous transporta, et cela par la raison bien simple que les moyens de transport manquaient complétement. A mille verstes à la ronde, on n'eût pas trouvé une brouette.

Le soldat et moi, à défaut d'autre monture, nous enfourchâmes (et je prie le lecteur de ne pas mettre en doute ma véracité), nous enfourchâmes un bœuf.

Ce ne fut pas sans un certain sentiment de surprise que je me vis juché sur ce ruminant ; ce nouvel emploi du bœuf renversait toutes mes idées.

Quoi qu'il en soit, l'animal, sans paraître incommodé du poids inusité qui pesait sur ses reins, car je dois à la vérité de déclarer qu'il n'était dressé en aucune façon, et qu'on ne l'avait soumis à aucun travail d'entraînement, se mit gravement en marche, en soufflant avec bruit.

Cela alla bien durant le temps que nous traversions une plaine, mais en entrant dans un bois de sapins, nous fûmes obligés d'abandonner notre monture. La neige s'élevait à une hauteur d'un mètre et demi, et il devint impossible à notre bœuf d'avancer. Nous nous résolûmes en conséquence à faire à pied les dix ou douze verstes qui nous séparaient d'Alexandrowska. La neige, tombée de la veille, n'offrait pas encore assez de solidité pour porter un pesant fardeau ; nous abandonnâmes donc notre coursier à la grâce de Dieu.

On peut juger si notre marche fut pénible. C'était un dur apprentissage. Nos chutes étaient fréquentes, le froid était vif mais supportable ; par bonheur, la lune nous envoyait sa lumière, sans laquelle nous n'eussions pu mener notre entreprise à bonne fin.

Le jour tombe à trois heures dans cette saison ; nous marchâmes donc pendant sept heures, au milieu de difficultés de toute nature, et ce fut seulement à dix heures du soir que nous arrivâmes à Alexandrowska.

Alexandrowska! — C'est une maison située sur la lisière d'une forêt, au bord du lac de Kiesy.

Jamais spectacle plus navrant et je dirai même plus hideux ne s'offrit à ma vue lorsque j'entrai dans cette hutte pompeusement baptisée d'un nom d'impératrice.

Imaginez-vous, chers lecteurs, un espace de quinze ou seize mètres carrés, à peine, éclairé par la lueur fumeuse d'une énorme torche de résine. Huit hommes étaient là, couchés à terre, les uns à côté des autres, dans d'épaisses couvertures de laine. Une vieille femme était parmi eux. A droite en entrant, un jeune veau vagissant et quelques poules, battant des ailes et piaillant, complétaient le tableau.

Une odeur nauséabonde en même temps m'envahit l'odorat et m'étreignit la gorge; je faillis étouffer. Je n'eus que le temps de sortir précipitamment, afin de humer un peu d'air. L'idée de coucher dans cet antre infect me désolait, et cependant, exténué de fatigue comme je l'étais, littéralement rompu, je ne pouvais songer à continuer du même pied une route qui commençait sous de si misérables auspices. Je fis un héroïque effort pour vaincre mes répugnances, et je rentrai. Celui qui m'avait servi de guide n'avait pas fait tant de façons; je le vis tranquillement couché au milieu de ses compatriotes, dormant comme s'il se fût trouvé étendu sur les plus moelleux coussins, dans la chambre à coucher parfumée d'une femme à la mode! Peut-être bien que les parfums civilisés lui eussent produit, en cette circonstance, le même effet désagréable que j'avais ressenti en pénétrant dans ce taudis. Pour les impressions physiques, comme pour les émotions morales, tout dépend de l'éducation : l'olfactif de ces gens-là est très-mal élevé.

Vaincu par la nécessité, envahi par le sommeil, je pris mon parti, je m'installai du mieux que je pus sur un escabeau et je m'endormis à mon tour.

Je ne sais combien de temps dura mon assoupissement, mais ce que je sais, c'est que mon sommeil fut interrompu de la manière la plus désagréable.

J'étais assailli par tous les cancrelats de la contrée, qui, trouvant probablement ma chair un régal nouveau pour eux, m'avaient décrété de prise de corps. J'étais complétement couvert de ces animaux hideux. A côté de moi une armée de rats se livraient un combat bruyant et acharné sur quelques débris de pain noir, restant du maigre dîner de mes hôtes.

Mes compagnons dormaient paisiblement.

Désormais tout repos me devenait impossible, je me résignai à attendre le lever de la lune, afin de m'éloigner de cette ignoble masure et de continuer ma route. D'après mes renseignements, je devais trouver à Kiesy un bateau et des hommes qui me transporteraient jusqu'à Nikolaewska, en descendant le fleuve Seghalien, plus connu sous le nom de fleuve Amoor. C'est un des plus grands cours d'eau de l'Asie, j'aurai à en parler très-longuement dans la suite de mon récit, tant au point de vue de la curiosité qu'il offre au touriste qu'au point de vue de son importance commerciale dans un avenir prochain.

Vers trois heures du matin, je sortis : — l'air était

frais, le ciel d'une merveilleuse limpidité ; la lune brillante, comme un disque d'argent poli, se mirait coquettement dans l'immense miroir du lac glacé que je devais traverser.

C'était un magnifique spectacle, auquel la tranquillité profonde qui nous entourait donnait quelque chose de grandiose.

J'allai éveiller mon guide et lui exprimai le désir que j'avais de continuer ma route à l'instant même.

Son réveil ne fut rien moins qu'aimable. Il se trouvait à merveille dans la hutte et ne désirait rien tant que d'y rester, mais ma volonté était bien prise et nul raisonnement ne pouvait la faire changer.

Voyant qu'il fallait s'exécuter, il commença par réveiller plusieurs de ses compagnons, qui maugréèrent à leur tour, puis il leur demanda des renseignements.

L'opinion générale fut que le lac n'étant point gelé partout, la route était périlleuse, et que, dans tous les cas, il était raisonnable d'attendre jusqu'au jour.

Croyant reconnaître un mauvais vouloir de la part de mon guide et de ses compagnons, je ne me rendis point à leur avis, et, bon gré mal gré, nous fûmes bientôt prêts pour le départ.

Nous augmentâmes notre costume de deux pièces de bois plates, que nous devions attacher à nos genoux, dans les endroits où le lac n'était point assez solide et viendrait à fléchir sous nos pas.

La première partie du chemin fut parcourue sans encombre et je m'applaudissais de ma fermeté. Nous marchions exactement comme sur la terre ferme ; mais bientôt je me convainquis de la justesse des observations qui m'avaient été faites.

Il nous restait encore une verste et demie au moins à fournir pour atteindre l'autre bord du lac, quand tout à coup nous sentîmes la glace se rompre sous notre poids.

C'était le cas d'employer les accessoires de notre équipement qui devaient nous servir de moyen de sauvetage, accessoires très-usités dans ces pays.

Ce sont deux espèces de voliges légères de deux mètres de longueur à peu près, dont l'une s'attache solidement aux genoux, de façon à offrir une surface étendue, et l'autre aux mains. Ainsi armés, nous nous courbons et commençons à quatre pattes la seconde partie de notre trajet.

On comprend facilement l'emploi de cet appareil lorsqu'une eau n'a pas beaucoup de profondeur et que les glaçons n'offrent pas assez de solidité ou sont désagrégés : on évite ainsi, sinon en totalité, du moins en grande partie, les dangers que présentent ces sortes d'excursions.

Nos préparatifs terminés, j'invitai mon guide à me précéder, car, évidemment, cet homme devait connaître mieux que moi les endroits praticables du fleuve.

Funeste confiance! Tout à coup je le vis disparaître, s'abîmer comme dans une trappe de théâtre.

Je n'eus que le temps de me porter à son secours et de le tirer du danger ; mais le mauvais sort me poursuivait bien décidément, car, si je pus sauver mon Cosaque, je perdis ma pauvre valise, dont il s'était chargé.

Quoique l'eau fût peu profonde en cet endroit, tous les efforts que nous fîmes pour la retrouver n'aboutirent qu'à un résultat, celui de nous disputer violemment.

Autant que je pus comprendre son baragouin, cet animal prétendait que cette perte devait m'être attribuée; et voici quel était son raisonnement : *Primo*, si je l'eusse précédé, je serais tombé à sa place; *Secundo*, si j'eusse gardé ma valise, je l'aurais encore, puisque aucun accident ne m'était arrivé !

Cette logique de Cosaque m'exaspérait.

Je me rendis pourtant, lorsque je m'aperçus que toutes nos recherches me gelaient les pieds et les mains, mais n'aboutissaient point à retrouver la valise. Je me résignai à en faire don aux hôtes du lac de Kiesy; mais ce ne fut pas sans regrets.

Une fois encore, à l'exception de mes lettres et de mes armes, je me trouvais complétement dépouillé du plus absolu nécessaire.

Le jour commençait à poindre quand nous parvînmes, après mille difficultés, à atteindre la rive opposée du lac.

Nous étions harassés de fatigue et de froid. Heureusement, nous aperçûmes une hutte de Mantchoux, vers laquelle nous nous dirigeâmes. Elle était abandonnée, mais elle pouvait nous offrir un abri momentané ; c'était tout ce que nous désirions.

Au moyen de nos haches, nous nous mîmes immédiatement à couper assez de bois pour faire sécher nos vêtements, qui étaient devenus sur nous rigides et durs comme du carton bitumé.

La chaleur nous réconforta ; nous fîmes un modeste repas, arrosé d'un excellent thé que m'avait offert le capitaine du *Mantchour* et que par hasard j'avais conservé sur moi, après quoi nous goûtâmes un repos que nous avions laborieusement gagné.

Au bout de cinq heures environ, le feu s'étant éteint, l'intensité du froid nous réveilla.

Il fallait absolument arriver à Kiesy le jour même. Je me considérais comme sauvé si je pouvais atteindre cette oasis des villages de la Mantchourie russe, que je me figurais comme un paradis égaré dans ces régions septentrionales.

Une trentaine de verstes (sept lieues et demie) nous en séparaient. Nous nous remîmes en marche en côtoyant le bord du lac. La route paraissait n'offrir aucune difficulté. La berge était plate, et, pour ne pas nous tromper, il fallait suivre toutes les sinuosités de la nappe d'eau, de sorte que cette manœuvre, la plus certaine en effet, doublait la longueur du chemin.

On se figurera difficilement les souffrances que j'ai endurées durant ce trajet. Presque à chaque pas, mon pied glissait sur la surface glacée, ou tantôt sur des pierres aiguës qui me déchiraient les chevilles. J'avais les pieds ensanglantés.

Enfin, vers cinq heures du soir, nous apercevions les premières huttes de Marienski, distant de Kiesy d'environ un kilomètre. L'espoir me revint.

Je dois dire que partout où j'ai trouvé des Russes, j'ai toujours rencontré une grande affabilité et un désir réel d'être utile.

Arrivé à Marienski, je sentis l'impossibilité d'aller plus loin.

J'entrai dans un poste, je mangeai un peu de riz, je bus deux ou trois tasses de thé; je m'installai sur une excellente planche et je passai une nuit délicieuse.

Grâce à l'obligeance de mes hôtes et peut-être aussi à mes lettres de recommandation, talisman indispensable en pareille aventure, le chef du poste, voyant l'entier dénûment dans lequel je me trouvais, m'offrit une chemise de flanelle, que j'acceptai avec plaisir, ma garderobe étant restée, on le sait, dans les profondeurs de lac de Kiesy.

Le lendemain, de grand matin, je me séparai de mon guide, en lui donnant, comme témoignage de ma satisfaction, quelques roubles d'argent qui me restaient, et je m'acheminai vers Kiesy, où je devais, m'assurait-on, trouver les moyens de continuer ma route d'une façon plus praticable.

CHAPITRE XII

Kiesy. — Le juif Lazaroff. — Deux guides en état d'ivresse. — Un bateau seghalien. — Voyage sur le fleuve. — Les glaces. — De rochers en rochers.

J'arrivai rapidement au lieu de ma destination, et là j'entrai en relations avec un individu qui m'accapara dès les premiers pas que je fis dans la ville.

C'était un homme de haute stature, d'une physionomie remarquable, aux traits réguliers, la peau d'un blanc mat, le visage orné d'une barbe superbement noire; en somme un admirable type de la beauté masculine.

Son nom était Lazaroff, son origine courlandaise, sa religion juive.

Certes, ce n'est pas moi qui appuierai sur les griefs que la majorité des peuples de la terre prétend avoir contre les enfants d'Israël! Cette nation dispersée, persécutée, calomniée, honnie, malheureuse entre toutes, mérite, à cause de certaines qualités qui lui sont propres, bien plus la sympathie que la haine; mais je dois avouer, toutefois, que certains Juifs font exception, et que, quand l'exception s'en mêle, elle touche à la monstruosité.

J'eus le bonheur (et celui-là devait bien m'arriver), — j'en ris aujourd'hui que tous ces événements sont loin de moi, — j'eus le bonheur de tomber précisément sur un des plus curieux spécimens de cette exception.

Par grâce d'état, l'Israélite, généralement fin et industrieux, flaire avec une remarquable sagacité toutes les occasions, petites ou grandes, de faire *onne betite gommerze.*

D'une souplesse d'imagination sans égale, il embrasse d'un coup d'œil les combinaisons les plus multiples et ne dédaigne pas plus le mince bénéfice qu'il peut récupérer sur un simple franc qu'il ne recule devant les chances aléatoires d'opérations à bases millionnaires.

Il commence par vous proposer une douzaine d'épingles ou une paire de bretelles, dont vous n'avez nul besoin, et il arrive, en vertu des principes qui le meuvent, à vous prouver qu'une rivière de diamants vous est indispensable, et il vous la procurera au *bli chiste brix*, car il faut bien qu'il fasse son *betit nécosse!*

Il eût été plus simple d'acheter la paire de bretelles ou la douzaine d'épingles proposées d'abord.

Lazaroff était nourri dans le culte de ces saines idées.

Donc, je n'avais pas fait quinze pas sur le pavé de Kiesy, que je fus abordé par cet homme, qui m'interpella en langue russe, à laquelle je n'entendais que peu de chose. Je voulus m'esquiver, mais lui, le sourire sur les lèvres et du ton le plus obséquieusement obligeant, me retint par la manche.

— Monsieur, me dit-il en très-bon allemand, — et cette fois, je le comprenais parfaitement, — monsieur est étranger, cela se voit tout de suite. Je suis bien heureux que le hasard m'ait jeté sur votre rencontre, car, Dieu merci, Lazaroff n'est pas un homme à laisser son semblable dans l'embarras ! et si je puis vous être utile, disposez de moi !

Je voulus protester ; il ajouta, avec la même volubilité :

— Je sais combien on est gêné loin de sa patrie, quand on ne connaît pas la langue des pays que l'on traverse. Vous avez dû beaucoup souffrir, j'en suis sûr, mais maintenant vous pouvez vous considérer comme sorti de peine, puisque Lazaroff a eu le bonheur de vous rencontrer !

En réalité, j'étais moins embarrassé que jamais, puisque je me trouvais dans une sorte de ville, — de modeste apparence, il est vrai, — mais où je comptais pouvoir trouver les ressources qui, depuis longtemps, m'avaient manqué.

Cependant, il y avait si longtemps aussi que je n'avais pu échanger une conversation suivie avec quelqu'un d'à peu près civilisé, que je me laissai entraîner au détestable plaisir de bavarder; je lui confiai mes projets.

— Vous voulez aller à Nikolaewska, me dit-il; rien de plus facile! Si vous voulez vous en rapporter à moi, ce sera chose faite quand il vous plaira.

— Combien y a-t-il d'ici à Nikolaewska?

— Une simple promenade : trois cents verstes à peu près; c'est l'affaire de quatre ou cinq jours au plus, par le fleuve.

— En vérité?

— En vérité! D'ailleurs, écoutez, je me charge de vous procurer un bateau et je vous accompagnerai moi-même.

— Combien cela peut-il me coûter?

Il réfléchit un moment.

— Tenez, vous tombez bien! j'ai justement une *occasion* magnifique, un excellent bateau que vous aurez pour presque rien et qui fera votre affaire; vous êtes capable de le revendre, à Nikolaewska, avec bénéfice!

— Est-ce que je ne pourrais pas trouver ici, lui répondis-je, quelqu'un qui me transporterait à ma destination, moyennant un prix convenu, sans que je fusse obligé de faire l'acquisition d'un bateau dont je serais fort embarrassé plus tard?

— Oh! pour cela, non! s'écria-t-il. Si vous connaissiez comme moi les habitants de ce pays, vous sauriez combien ils sont défiants et surtout voleurs! Écoutez-moi : les marchés du genre de celui que je vous propose sont rares; n'hésitez pas. Ah! si j'étais à votre place!...

Je me laissai séduire, et, moyennant une centaine de

roubles, je fis l'acquisition de son bateau. Je convins avec mon homme, qui me présenta un de ses compagnons, que, pour dix roubles chacun, ils m'accompagneraient jusqu'à Nikolaewska.

Je pris rendez-vous pour le lendemain matin avec mon équipage improvisé.

A la pointe du jour, j'étais sur pied, mais seul au rendez-vous; j'avais beau consulter du regard tous les horizons, je ne voyais rien poindre.

Au bout d'une heure, ils arrivèrent.

— Enfin! leur criai-je, vous voilà donc!

Mais ce ne fut pas sans inquiétude que je les vis s'avancer.

Leur démarche titubante annonçait un état d'ébriété complète.

Les malheureux n'étaient pas ivres-morts, non. C'était bien pis! ils faisaient des efforts surhumains pour se maintenir en équilibre.

J'interpellai Lazaroff, qui, très-ému, en arriva à l'effusion larmoyante.

— Ah! monsieur! finit-il par répondre à mon admonestation, voici déjà que vous devenez mauvais pour les pauvres gens!

— Vous êtes ivres, vous ne savez ce que vous dites; laissez-moi!

— Oh! peut-on dire!... articula Lazaroff.

— Quoi! vous avez la prétention de me faire croire que vous n'avez pas bu!...

— Pour avoir bu un peu, je ne dis pas! mais c'est bien excusable! fit-il en s'attendrissant. Nous sommes si malheureux dans ce pays ! Nous avons *choqué* en votre honneur ! Ça ne nous arrive pas souvent, mais vous pouvez compter sur nous, à la vie, à la mort !

Son acolyte, complétement abruti, répondit par un grognement.

— Et jamais vous n'aurez rencontré une fidélité plus complète, nous sommes prêts à vous suivre partout, fût-ce *au bout du monde !*

Au bout du monde ! Je frémis à cette expression ; je commençais à comprendre que je m'étais fourvoyé, aussi me hâtai-je de répondre :

— Non ! non ! pas tant de zèle ; puisque vous vous êtes engagé à me conduire à Nikolaewska, je ne vous en demande pas davantage.

— Ce sera quand vous voudrez, tout de suite !

— Eh ! non, pas tout de suite, fis-je, vivement contrarié. — Allez vous coucher ! c'est ce que vous avez de mieux à faire ; quand je le jugerai convenable, j'irai vous prendre !

Mes deux ivrognes me quittèrent enchantés de cette solution, qui leur permettait de réparer leurs forces épuisées par une nuit passée dans les plus excessives libations.

Je restai seul, médiocrement satisfait et non sans craintes sur l'issue du voyage que j'allais entreprendre en la compagnie de ces deux drôles, qui me faisaient l'effet d'être des gens de sac et de corde, — de corde surtout !

Cependant il importait à ma sécurité personnelle de prendre toutes les précautions, et j'allai aux renseignements près du chef du poste.

Là, j'appris, en effet, que la plupart des Russes qui se mettent à la disposition du premier venu sont en partie composés de voleurs, de forçats, d'assassins, de malfaiteurs de la pire espèce, déportés par le gouvernement pour peupler ces contrées éloignées.

Le renseignement était vrai. Néanmoins la conviction que j'avais affaire à de rusés coquins ne me troubla pas outre mesure.

J'ai eu le bonheur de naître avec une certaine dose de confiance en moi-même, et, pour le cas présent, ma confiance s'assurait encore dans deux compagnons qui ne me quittaient jamais : mon fusil de chasse et mon revolver, toujours chargés.

Par précaution, je demandai seulement au chef de poste si, dans le cas où je me trouverais dans une position périlleuse, c'est-à-dire si je jugeais que ces coquins voulussent me tromper, le gouverneur me reconnaissait le droit de me faire justice moi-même.

Le capitaine m'affirma que je me trouvais dans le cas de légitime défense ; seulement il s'en rapportait à ma prudence.

La nuit étant arrivée, quand la lune commença à briller, j'allai retrouver mes hommes, qui, cette fois, étaient calmes et prêts à s'embarquer.

Je leur expliquai mon intention de partir sur l'heure, et, avec l'obéissance passive à laquelle ils sont accoutumés, ils me suivirent sans la moindre objection jusqu'au bateau.

J'avais fait acquisition de vivres pour une huitaine de jours, une provision de thé et de biscuit en quantité suffisante pour parer à toutes les éventualités, du moins c'était ma conviction. Je m'étais précautionné, en outre, de couvertures en laine et de fourrures, mon intention bien arrêtée étant de marcher jour et nuit. En outre, on m'avait donné une bonne carte du fleuve. Lazaroff prétendait, du reste, avoir déjà fait le voyage.

Le fameux bateau dont Lazaroff m'avait fait une si pompeuse description était tout simplement une barque plate, de construction très-primitive, avec un mât pour y hisser quelques mètres de toile; mais le gouvernail était absent. Une rame à grande spatule, qu'en France on appelle une *godille*, le remplaçait avec désavantage.

Ainsi équipés, nous commençâmes vers neuf heures la descente du fleuve. La nuit se passa bien; à mesure que nous avancions, la terre disparaissait à nos regards.

Au jour, un brouillard intense s'éleva, le vent soufflait avec violence, nous hissâmes notre espèce de chiffon de toile, et nous marchâmes ainsi le restant de la journée. Vers la tombée de la nuit, nous commençâmes à apercevoir quelques glaçons flottant çà et là; c'était le présage le plus mauvais qui pût nous arriver, car il nous avertissait que d'un moment à l'autre le fleuve allait se geler complétement.

Dans ces régions septentrionales, les changements atmosphériques se font avec une rapidité telle que, dans un espace de moins de deux heures, l'Amoor, un des plus vastes fleuves de l'univers, puisqu'il mesure jusqu'à douze verstes de large, arrive à se congeler sur toute sa surface, malgré son courant très-rapide.

Ce jour-là, nous avions épuisé toutes les forces que nous possédions ; à mesure que nous avancions, le fleuve devenait de plus en plus impraticable.

Notre but premier était d'atteindre à une station nommée *Chery*, que mes hommes connaissaient ; nous espérions y trouver un peu de poisson frais et peut-être du pain. Nos provisions s'épuisaient à vue d'œil, car nous n'avancions que lentement, et ce voyage, qui ne devait durer que quatre ou cinq jours, menaçait sérieusement de devenir interminable.

Le soir, le vent fraîchit ; les glaçons heurtaient notre embarcation de toute part ; la mauvaise volonté de mes hommes commençait à se manifester. Je pris moi-même un aviron, et je tâchai de les encourager par des promesses d'eau-de-vie ; c'est un moyen auquel un Russe ne résiste jamais. La perspective d'un verre de *watki* ou d'alcool est la seule puissance capable de lui faire accomplir des prodiges.

Bientôt, à mon tour, je fus épuisé et nous fûmes forcés de nous arrêter.

Le vent avait redoublé de violence, c'était presque une tempête ; nous avisâmes un bois, et nous organisâmes un campement pour la nuit.

Le feu allumé, il fut entendu que, deux heures durant, chacun veillerait à ce qu'il ne s'éteignît pas et qu'armé du fusil de chasse, il ferait bonne garde pour écarter de notre bivouac les loups, ours et autres carnassiers très-communs dans la montagne.

La nuit fut très-froide, mais se passa sans encombres ; le vent soufflait toujours vigoureusement. De temps en temps on entendait le fracas de quelques pins déracinés par l'ouragan.

Le seul qui souffrit véritablement ce soir-là ce fut moi, car, outre que je n'étais point habitué au climat de ces contrées, je n'étais pas vêtu de manière à en braver les intempéries.

Les réflexions qui m'assaillirent dans la nuit furent loin d'être gaies, car je voyais les obstacles s'amonceler de tous côtés, obstacles dont je ne pouvais prévoir ni la nature ni la durée.

Les provisions diminuaient, mes hommes murmuraient, et mon coquin de Lazaroff ne tarissait pas en reproches. Il prétendait que si quelque catastrophe survenait, c'était ma faute, car je n'aurais pas dû partir dans une saison aussi avancée; son camarade répétait ses plaintes.

Au fond pourtant, mes craintes étaient nulles: j'étais sans bagages, sans argent; quel eût été l'intérêt de ces hommes à tenter un mauvais coup?

Depuis les quelques jours que j'avais posé le pied sur cette terre, ayant appris à connaître la population russe de ces contrées, je n'ignorais point qu'elle n'était pas précisément composée des éléments les plus vertueux. Les provinces de l'Amoor et presque tout le Kamchatka sont, en effet, à la Russie ce que peuvent être Cayenne à la France et Botany-Bay à l'Angleterre.

Tout Russe, soldat, bourgeois ou laboureur, rencontré depuis le détroit de Behring, les frontières de la Mantchourie chinoise, jusqu'aux confins de la Russie

11.

d'Europe, est un homme personnellement flétri par les lois : j'en excepte les condamnés politiques et les fils et petits-fils de ceux que je viens de désigner.

Le lendemain, au point du jour, nous nous remîmes sur pied; le vent était calme, mais le fleuve charriait d'énormes glaçons.

Je prévis que cette fois allait commencer une lutte terrible dans laquelle il fallait s'attendre à disputer sa vie à chaque minute.

L'idée du retour était devenue impossible, il ne nous restait plus que cinq kilomètres environ pour arriver à Chery.

Mais il fallait y arriver!

Nous partîmes incontinent, nos efforts furent inouïs durant toute la journée; le désespoir commençait à nous envahir.

Cependant, vers minuit, nous aperçûmes à l'horizon une petite lumière qui pointait sur la rive droite du fleuve. Nous retrouvâmes un nouveau courage, — mais nous ne tardâmes pas à nous apercevoir, hélas! qu'en vue même du port, nous pouvions échouer et périr misérablement.

En effet, ce fut en vain que nous tentâmes d'aborder, — le froid, devenu plus intense, avait gelé le fleuve sur ses deux rives de façon à nous obstruer tout passage; — d'autre part, la glace n'était pas encore assez épaisse pour supporter le poids d'un homme, et nous étions éloignés du bord d'un kilomètre à peu près. Un autre danger devenait plus inquiétant que tous les autres : les glaçons, qui filaient le long de notre bateau, le pressaient à le faire craquer et lentement lui faisaient une incision de plus en plus profonde.

La situation devenait critique ; une catastrophe était inévitable.

Nous avions beau appeler, héler, tirer des coups de fusil en signe d'alarme, le vent, qui soufflait avec une incroyable énergie, empêchait tout bruit d'arriver jusqu'à la maison du poste.

Nous nous épuisions en efforts qui n'aboutissaient à rien.

Rester dans cette position et attendre le lendemain, c'était presque se livrer à une mort certaine, car le bateau n'aurait pas résisté et nous n'aurions jamais pu gagner la rive à la nage.

Nous tentâmes encore une fois le passage. Tournant l'avant de notre bateau vers la rive, au moyen de l'énorme rame qui servait de gouvernail, nous cassâmes la glace qui nous obstruait la route, et, quoique avançant lentement, nous finîmes par approcher d'une distance d'environ trente mètres du rivage.

Il ne nous avait pas fallu moins de cinq heures pour accomplir ce trajet.

Arrivés là, je descendis sur la glace. Je voulus tenter le premier si sa surface était assez solide pour soutenir un homme. J'attachai une corde au bateau et je me dirigeai vers le bord en prenant toutes les précautions possibles. J'accomplis cette traversée sans accident. Mes hommes m'imitèrent, et nous fixâmes solidement à un pieu la corde attachée au bateau, espérant sauver les épaves de cette embarcation qui m'avait relativement coûté si cher !

Après avoir fait de notre mieux pour ne pas perdre un moyen de transport qui pouvait nous être si nécessaire, nous gravîmes un rocher escarpé et nous arrivâmes à la maison du poste.

C'était une construction semblable à toutes les constructions russes, c'est-à-dire qu'elle était bâtie d'arbres coupés à égale hauteur entre les interstices desquels on avait mis de la paille et de la mousse.

L'intérieur se composait d'une chambre de douze pieds carrés; un énorme poêle bâti en briques en occupait la moitié, et, sur ce poêle, dormait la famille : le père, la mère et l'enfant.

CHAPITRE XIII

Je perds mon embarcation. — Un Poulga. — La famine. — Voyage sur la glace. — Les rochers de Thürr. — Une noyade. — Le bivouac. — La lutte. — Un vilain moment. — Gelé.

A notre entrée, l'homme se réveilla; je lui montrai la passe dont j'étais porteur; aussitôt il se mit à ma disposition.

Un grand feu fut allumé par ses soins; l'eau fut mise sur le feu; nous mangeâmes rapidement un morceau de pain, mais notre fatigue était telle que nous n'eûmes pas la force d'attendre que l'eau fût bouillante pour prendre le thé. Nous avalâmes rapidement un verre d'eau-de-vie russe que notre amphitryon nous versa et nous nous endormîmes bientôt d'un profond sommeil.

Le lendemain il faisait grand jour quand je me réveillai, mes hommes étaient déjà sur pied et racontaient, avec volubilité, à nos hôtes, le récit de notre voyage.

Je descendis au bord du fleuve pour constater l'état où se trouvait notre bateau. La malheureuse embarcation était entièrement submergée ; les glaces amoncelées autour de ses flancs l'avaient coupée et une voie d'eau l'avait fait sombrer.

Encore une fois je venais d'échapper à un danger réel. J'en avais été quitte à bon marché.

Ce jour-là justement, le temps se radoucit considérablement, le fleuve se trouva comme par enchantement débarrassé des glaçons qui l'encombraient ; on eût juré qu'on voyait le lac de Garde!

Ce radoucissement subit de la température me fit faire connaissance avec un des fléaux les plus terribles qui désolent ces pays, — je veux parler des *poulgas* ou nuées de neige.

Le mot *poulga* est l'expression consacrée par les Russes pour désigner ces révolutions spontanées de la nature.

Le soir, en effet, la neige commença à tomber en abondance. Le vent souffla en tempête, il était devenu impossible de rien distinguer à travers les vitres ou les interstices de la porte. L'ouragan déracinait les arbres, la neige tombait si drue, en tourbillonnant, qu'à trois pas de distance, elle formait un voile opaque qui confondait toutes choses.

En pareil cas, quiconque se trouve en route s'arrête

soudainement sans faire un pas de plus et reste en place jusqu'à ce que la tourmente ait cessé. Un poulga dure quelquefois huit et même dix jours ! Dans ce cas, malheur au voyageur si le poulga le suprend dans un endroit où le bois manque : il n'y a pas de salut à espérer pour lui. En un instant la neige s'élève à trois et quatre mètres de hauteur. Impossible de combattre le fléau, si ce n'est en faisant un très-grand feu, qui fait fondre la neige, à mesure qu'elle tombe dans le cercle de votre foyer.

Le hasard nous avait heureusement conduits dans une maison solidement bâtie. Elle résistait aux efforts de la trombe, j'eus donc le loisir d'examiner, sans danger, les ravages causés par le fléau.

Ce poulga dura cinq jours avec une égale violence, sans qu'il fût possible, littéralement, de mettre le nez dehors, pour me servir d'une locution vulgaire.

Mes guides profitèrent de notre inaction forcée pour me donner de nouveaux renseignements sur le pays que j'avais à parcourir.

J'appris que je ne pouvais espérer trouver des moyens de transport qu'à Michaelowski ; c'était vingt-cinq kilomètres que je devais parcourir à pied. Les rives du fleuve étant bordées par d'énormes rochers, il fallait absolument faire le trajet tracé par le fleuve lui-même ; le dégel ayant été complet, l'Amoor roulait maintenant des flots majestueux et tranquilles.

C'était le cas de regretter mon bateau, je ne m'en fis pas faute.

Cependant nous commencions d'être sérieusement menacés par la famine.

Depuis deux jours nous étions à la ration : sauf le thé, qui était encore abondant, le reste disparaissait. Aussi tous les yeux étaient-ils fixés anxieusement sur le fleuve, le moindre glaçon était guetté et salué avec joie; nous appelions le froid de tous nos vœux.

C'est dans ces alternatives et dans ces perplexités que nous dûmes vivre pendant douze mortels jours, au bout desquels, par un beau clair de lune, le fleuve se congela complétement.

Il était temps ! Un jour de plus peut-être et nous mourions de faim. J'avais (et ceci je l'affirme en conscience), j'avais la crainte de voir se renouveler les scènes horribles que j'avais lues dans quelques relations de voyage.

Cependant nous n'avions pas une minute à perdre, il fallait partir immédiatement; c'était un peu plus de six lieues à faire à pied; mais nous avions supporté de telles fatigues, notre dénûment était si complet, que nous étions remplis d'une ardeur impossible à maîtriser.

Le fleuve, gelé depuis douze heures seulement, allait-il être assez solide pour supporter notre poids?

Le lendemain, au jour, tout le monde était préparé, chacun, équipé du mieux qu'il pouvait, armé d'une hache et d'un énorme bâton, pour explorer l'état de la glace avant d'y poser le pied.

Notre caravane était augmentée de notre hôte. Lui aussi était obligé d'aller jusqu'à la plus proche station renouveler ses provisions.

Il laissa une portion de ce qui restait à sa femme (c'était en vérité bien peu de chose), et nous nous mîmes en marche.

Il y avait douze jours que j'étais emprisonné dans cette misérable hutte, sans pouvoir humer l'air du dehors.

Il me sembla que je venais de me débarrasser d'un manteau de plomb!

La première partie de notre voyage, quoique pénible, s'opéra tant bien que mal; nous faisions un kilomètre à l'heure, avec des précautions inouïes, sondant la glace avec notre bâton avant de nous hasarder à y poser le pied. Les glaçons que nous rencontrions étaient énormes, aux endroits où le fleuve se rétrécissait, mais lorsque ses rives formaient un coude un peu brusque, c'étaient de véritables banquises, dont quelques-unes n'avaient pas moins de trois ou quatre mètres de hauteur.

Armés de nos haches, nous étions alors obligés de nous frayer un passage au milieu de ces amoncellements, nous suivant les uns les autres et ne posant, autant que possible, le pied qu'à l'endroit où avait déjà passé celui d'entre nous qui faisait tête de colonne, poste que chacun prenait à tour de rôle.

L'un de nos hommes s'était, vers les trois heures de l'après-midi, détaché, afin d'essayer de reconnaître l'état du fleuve, en aval, et nous profitâmes de cette perquisition pour prendre un peu de repos.

Au bout d'une heure, nous vîmes venir notre éclaireur; les renseignements qu'il nous apportait n'étaient pas encourageants. Du côté des rochers de Thürr, la glace présentait peu de consistance, et après avoir parcouru un quart de lieue à peine, ayant vu à deux reprises la glace se rompre sous lui, il n'avait pas jugé prudent de pousser plus loin sans risque de se noyer.

Nous délibérâmes sur le parti qui nous restait à prendre, et ayant calculé que nous avions déjà accompli un trajet de sept kilomètres, au milieu des souffrances les plus aiguës, nous décidâmes qu'il fallait marcher devant nous quand même.

Réellement nous n'avions pas à choisir, car si, d'un côté, il nous restait encore de nombreuses difficultés à vaincre, de l'autre, nous n'avions de perspective que les horreurs de la famine.

Nous reprîmes notre route. Si nous parvenions à doubler les rochers de Thürr, nous pourrions nous considérer comme hors de danger, car, à partir de cet endroit, le fleuve est bordé d'une large berge plate qui offrait un terrain solide et de grandes facilités pour continuer notre route.

Nous cheminions avec lenteur; à mesure que nous avancions, nous reconnaissions que la glace fléchissait sous nos pas; bientôt nous aperçûmes l'endroit si redouté.

Je n'avais jamais vu spectacle plus majestueux que celui qui se déroulait devant moi.

Les bords du fleuve sont hérissés de rochers monstrueux, formant neuf excavations profondes. On dirait neuf portes gigantesques donnant accès aux masses liquides, et le fleuve, en cet endroit, ne mesure pas moins de six kilomètres de largeur.

Avant d'arriver à ces rochers, nous apercevons d'un côté une immense vallée couverte d'énormes pins, s'étageant sur les pentes de la montagne qui domine le fleuve.

Du côté opposé, d'autres montagnes élevées, d'autres forêts touffues, s'étendant jusqu'aux plus lointains horizons. Tel est ce paysage, sombre, mais grandiose.

En arrivant au bas de ces rochers, que nous voulions longer sans nous arrêter, nous redoublâmes de précautions. La glace, dans certains endroits, avait cette teinte verte et granulée qui est le signe évident de son peu de consistance; aussi étions-nous obligés de nous cramponner aux aspérités du roc pour nous faire un point d'appui qui nous permît de traverser ces dangereux passages.

Tout à coup, à un brusque tournant, nous nous trouvâmes en face d'une sorte d'anse de vingt mètres au moins, qui se présentait à nous plus menaçante qu'aucun des autres endroits que nous venions de franchir.

La roche, probablement battue par l'eau, était unie comme un miroir, et, de plus, fuyait en courbe renversée; la cime granitique était fort élevée, et nous n'apercevions que quelques pins isolés, à plus de soixante pieds de hauteur.

Nous nous arrêtâmes consternés, mais la réflexion trop mûrie ne pouvait, en semblable cas, que décourager nos esprits; je poussai en avant celui qui marchait le premier en lui ordonnant de courir afin de rendre son poids plus léger.

Il fut entendu que nous tenterions la même manœuvre

les uns après les autres, tant pour ne pas peser trop lourdement sur la mince surface glacée que pour nous porter mutuellement secours.

Celui que j'interpellais, vieux soldat bronzé dans les guerres du Caucase et de Crimée, vieille ganache si jamais il en fut, mais rompu aux périls de toutes sortes, ne se fit pas trop tirer l'oreille pour exécuter l'ordre que je lui donnais.

Il s'élança; mais à peine eut-il fait trois pas, qu'un horrible craquement se fit entendre; la glace venait de se rompre et l'abîme était ouvert!

Au bout de quelques secondes, remis de notre première terreur, il fallut s'occuper de notre guide.

J'aperçus le pauvre diable se débattant dans l'eau et sur le point de se noyer.

Il faisait de suprêmes efforts pour se soutenir, mais ses membres, roidis par le froid, lui refusaient tout service; c'était en vain que ses mains bleuies et rigides cherchaient à se cramponner aux glaçons flottant autour de lui; il retombait à chaque instant,

Je me retournai du côté de ses compagnons, pour les appeler à l'aide; au lieu de répondre à cet appel, ils s'éloignèrent de l'endroit périlleux.

J'étais indigné, mais le temps était précieux; je n'avais pas le loisir des malédictions. Je sautai sur un morceau de glace flottant et je tâchai de m'approcher du malheureux.

Je lui criai d'essayer de se soutenir quelques instants encore, et, aidé de mon bâton, je parvins à saisir, comment? je l'ignore, un pin qui se trouvait sur la pente fuyante du rocher. Après des efforts inouïs, en m'aidant de mes genoux et en me hissant sur la fougère que je rencontrais, enfonçant mes mains dans les crevasses qui s'offraient à ma portée, j'atteignis enfin l'arbre, je l'étreignis vigoureusement d'un bras et de l'autre, je tendis mon bâton au pauvre guide, qui parvint à le saisir ; il l'empoigna avec une telle précipitation et la secousse qui en résulta fut si brusque, que je faillis rouler moi-même dans l'abîme. Mon bras lâcha l'arbre que je tenais embrassé : heureusement mes jambes enlaçaient solidement le tronc, de sorte qu'il me restait un point d'appui. Cette position avait, du reste, allongé mon bâton de toute ma longueur, puisque j'étais couché à terre, et, ainsi aidé, mon homme parvint, non sans peine, à se hisser auprès de moi.

Il était en sûreté, mais je sentais que je n'aurais pu tenir dix secondes de plus. Le sang me battait aux tempes avec violence et mes forces m'abandonnaient.

Notre descente fut la contre-partie exacte de ce qui venait d'arriver. Ce que j'avais osé faire sans réflexion et n'écoutant que le premier mouvement, je craignais de le refaire, maintenant que j'étais de sang-froid.

Deux fois je tentai la descente, deux fois le vertige me prit, je trébuchai, et, sans mon compagnon, je tombais véritablement à l'eau.

Néanmoins, nous parvînmes à rejoindre nos hommes, qui, pendant tout ce temps, étaient restés spectateurs impassibles de toute cette scène.

La nuit était arrivée, nous convînmes de faire halte, et d'allumer notre feu au fond de la vallée qui était en face de nous, et où le bois se trouvait en abondance.

Les coquins à qui j'avais affaire ne me parurent que médiocrement satisfaits du retour de leur compagnon, mais je me préoccupai peu, pour l'instant, de ce détail; le principal, c'était le repos.

Mes hommes voulaient stationner juste au bord du fleuve; ils prétextaient qu'ils étaient fatigués et qu'ils n'iraient pas plus loin.

Je leur fis remarquer cependant que l'endroit qu'ils choisissaient était déplorable, que le bois manquait totalement, et que, pour l'aller chercher, il fallait se déranger; qu'en outre, étant au pied même de la montagne, la neige, dont elle était couverte, venant nécessairement à se dégeler à la chaleur de notre feu, nous allions passer une nuit détestable au milieu de l'humidité.

Tous ces raisonnements justes, mais qui les obligeaient à marcher, ne parvinrent pas à les faire renoncer à leur sotte idée première.

Était-ce le plaisir de me contrarier, où plutôt (ce que je crois) Lazaroff, avec qui seul je pouvais parlementer, leur traduisait-il mes paroles en les travestissant? Je l'ignore : toujours est-il que, très-irrité de tout ce qui m'arrivait, surtout du dernier épisode, — la colère me monta au cerveau, et saisissant mon fusil, que j'armai, je menaçai résolûment de casser la tête au premier qui ferait mine de s'arrêter avant que je n'en donnasse l'ordre.

Cette argumentation, compréhensible dans toutes les langues, eut son plein effet.

Une semblable façon d'agir peut, je l'avoue, paraître étrange de la part d'un homme élevé dans les principes de la charité envers ses semblables; mais, dans les circonstances tout exceptionnelles dans lesquelles je me trouvais, — une loi d'exception était nécessaire et je m'en servis.

Voyant mes hommes enfin convaincus, je pris cette fois la tête de la colonne et je marchai droit en avant.

J'avais résolu de m'avancer le plus que je pourrais au milieu du bois, où je croyais trouver un sûr abri, mais la route n'était pas facile. La neige amoncelée dans les ravins atteignait une hauteur prodigieuse. Elle surplombait nos têtes de deux mètres au moins.

Il fut difficile d'arriver jusqu'au milieu de la vallée; en revanche, quand nous y fûmes, nous nous trouvâmes abrités par les massifs excessivement épais. Les pins étaient gigantesques, le fourré, formant une barrière entre le vent et nous, nous garantissait des rafales, et certainement mes hommes devaient m'être reconnaissants de la fermeté que j'avais déployée. J'allais au moins leur procurer une nuit de repos confortable, à défaut d'autre réfection plus solide, c'était toujours cela.

Nous déblayâmes l'endroit où nous avions résolu d'établir notre bivouac, nous ne parvînmes à trouver la terre qu'à une profondeur de deux mètres, tant l'amoncellement de la neige était grand. Nous allumâmes un feu énorme au pied d'un grand pin, de façon à ce que la fumée, gravissant le long de l'arbre, ne pût nous gêner; en même temps le tronc de l'arbre, s'enflammant lui-même, allait nous donner un foyer toujours incandescent. En un instant ayant abattu à coups de hache quatre pins, nous eûmes rapidement un feu magnifique. Coupant alors des branchages que nous éparpillâmes à distance autour du foyer, nous eûmes chacun un matelas complétement imperméable. Nous nous étendîmes avec volupté sur ces lits de sybarites. Un seul d'entre nous veillait, pour empêcher le feu de s'éteindre et pour nous prévenir de l'invasion des carnassiers, au cas où ces hôtes, très-communs dans les montagnes boisées du Chingang, viendraient troubler notre sommeil. La sentinelle devait être relevée de faction de deux heures en deux heures.

Quant à moi, malgré la grande fatigue qui m'accablait, je songeais avec terreur à la journée du lendemain, aux nouvelles luttes qu'il nous faudrait livrer aux éléments, aux souffrances nouvelles qui nous attendaient et qu'il nous faudrait vaincre.

Le doute, sinon le découragement, envahissait mon esprit, je me demandais si nous serions assez énergiques pour triompher des obstacles incessants qui se dressaient devant nous.

Depuis dix heures déjà nous n'avions rien mangé. Un peu de neige dégelée, mêlée de sable, voilà tout ce que nous avions pris comme boisson.

Une seule chose pouvait nous mettre hors de danger, c'était un revirement de température, phénomène assez fréquent : malheureusement, l'atmosphère était relativement d'une extrême douceur, et le fleuve, au lieu de se geler, devait en ce moment se dégeler en mille endroits. Que deviendrons-nous, perdus dans ces solitudes?

Mon sommeil ne fut qu'un cauchemar!

Au jour, c'est-à-dire vers neuf heures du matin, je me réveillai, les membres transis. La neige était tombée toute la nuit, en abondance, sans que je ne m'en aperçusse. Mes hommes étaient debout et impatients, je l'étais aussi; la faim, d'ailleurs, sonnait le rappel du déjeuner dans tous les estomacs et il fallait l'aller chercher à dix-huit kilomètres!

Ce que j'avais craint pour la nuit était malheureusement arrivé : lorsque nous atteignîmes l'endroit où nous nous étions arrêtés la veille, nous retrouvâmes le fleuve dans un état identiquement semblable.

Personne ne voulait avancer; ni menaces ni prières ne purent déterminer mes hommes à faire un pas.

Je proposai de suivre le chemin que j'avais pris pour opérer le sauvetage de celui qui avait failli périr, mais, après des tentatives qui ne servirent qu'à nous harasser, ce passage fut reconnu impraticable. Il ne consistait en rien moins qu'à gravir les rochers et essayer de les redescendre. Il paraît que, même en été, cette ascension n'est pas tentée, car les pentes sont tellement abruptes et glissantes qu'on n'ose s'y risquer.

Cependant nous ne pouvions rester dans cette situation, mes hommes murmuraient. J'en entendis un — c'était Lazaroff — dire à son voisin que tous ces malheurs devaient m'être attribués.

Je lui jetai un coup d'œil qui ne fut sans doute pas très-doux, car il baissa la tête et ne répliqua pas.

Cet homme, bâti en Hercule, eût pu me broyer dans une seule étreinte. Dieu, qui fait bien ce qu'il fait, avait atténué cette force inconsciente par une grande dose de couardise.

Néanmoins, la situation était assez critique, et je remis à plus tard de donner une leçon à ce drôle.

J'interrogeai douloureusement le fleuve, comme pour lui demander le secret de ses profondeurs et surtout celui d'un endroit guéable.

Tout à coup il me vint une idée, que je crus être une révélation.

En somme, nous n'avions que deux kilomètres à franchir pour être tirés du danger.

M'adressant au gardien du poste de Chery, qui, habitant les bords du fleuve, devait le mieux connaître qu'aucun de nous, je lui demandai si, au lieu de nous entêter à suivre ses rives, nous n'aurions pas plus de chances de succès en en prenant franchement le milieu.

A cette réflexion, je vis mes trois compagnons pâlir affreusement.

Lazaroff, exprimant leur pensée, s'écria :

— Prendre le milieu du fleuve ! — Vous n'y songez pas ! C'est courir à une mort certaine ! — Sur les bords on a toujours une chance de se sauver, en se cramponnant aux rochers, si la glace vient à se rompre, tandis que au milieu tout espoir de salut est à jamais perdu !

Il est certain qu'il y a des moments où la pensée de la mort disparaît complétement de l'esprit. L'idée de la lutte prend alors le dessus dans l'imagination; on trouve une sorte de plaisir orgueilleux à tenter les projets les plus téméraires, en songeant qu'ils peuvent être accomplis avec succès. D'ailleurs, la témérité n'est qu'un mot qui perd toute sa signification quand la voix de la nécessité s'est fait entendre. Nous en étions là, à n'avoir pas le choix des moyens ; aussi toutes les objections ne purent faire fléchir ma volonté.

Ma détermination fut rapide, et me retournant alors vers mes compagnons :

— Je vais marcher devant vous, — leur dis-je en désignant la route que j'allais prendre, — et je vous affirme sur l'honneur que, si vous voulez me suivre, je vous mènerai à bon port.

Et, ne perdant pas une minute, d'abord parce qu'elle n'était pas à perdre, ensuite pour ne pas leur donner le temps de la réflexion, je fis ce qu'en termes militaires on appelle *demi-tour* et je me dirigeai bravement vers le milieu du fleuve.

A chaque enjambée, j'entendais craquer la glace sous mes pas, comme si elle eût protesté contre mon audacieuse entreprise.

Deux fois la glace se rompit entièrement sous moi.

Au bout de cinq heures de cette marche épouvantable, où chaque pas me semblait être le dernier que j'allais faire, j'aperçus enfin la berge plate tant désirée ; les rochers étaient dépassés ; le danger était vaincu.

L'espoir reparut dans tous les yeux, le courage revint dans tous les cœurs.

Du moment où je pus considérer le péril comme écarté, une révolution étrange s'opéra en moi.

Je tombai dans un état complet de prostration.

Cependant toutes les difficultés n'étaient pas disparues; la neige nous arrivait à hauteur d'épaules; j'avais une peine inouïe à suivre mes compagnons, qui m'avaient alors dépassé; mes pieds se scellaient au sol, mes yeux s'obscurcirent, je ne vis plus rien, je tombai sur la neige en poussant un gémissement!

Je rouvris les yeux au bout de quelques instants, je voyais tout rouge autour de moi. J'appelai pour qu'on vînt à mon aide, mais mes compagnons n'étaient plus là!

Voyant que je ne devais plus compter que sur moi-même, je rappelai tout ce qui me restait d'énergie, j'avalai un peu de neige et j'essayai de repartir.

Il ne me restait cependant plus qu'une très-petite distance à parcourir, quatre verstes au plus, mais harassé de fatigue, tiraillé par la faim, je ne pouvais plus me soutenir; je faisais une centaine de pas, puis je retombais. J'avais conservé la conscience de mon danger, ce n'était pas sans terreur que je remarquais que les haltes multipliées que je faisais roidissaient déjà mes membres, ce qui est un des premiers symptômes de l'engourdissement mortel.

Me secouant alors vigoureusement, je m'élançai en avant et j'appelai de nouveau.

Nul ne répondit.

Il est inutile de chercher à dépeindre les accès de rage furieuse dont j'étais animé contre ces gredins à qui j'avais à deux reprises sauvé la vie et qui m'abandonnaient lâchement.

Bientôt je retombai, et alors je fus en proie à une

sorte d'hallucination. Je me retrouvai à Paris, au milieu de mes amis, dans ma famille, près de ma mère. L'illusion était si complète, que je ne sentais plus aucune douleur. Loin de me croire à deux doigts de la mort, qui déjà planait au-dessus de moi comme un oiseau de proie qui se hâte, je me croyais, au contraire, sorti des terribles épreuves. J'étais pleinement heureux.

Si tous ceux qui succombent à l'asphyxie par le froid sont envahis par de semblables rêves, cette mort est plutôt douce que cruelle.

Au milieu des dangereux mirages qui envahissaient ainsi mon cerveau et l'engourdissement du fatal sommeil, dont on ne se réveille pas, je fus brusquement frappé par le croassement d'une nuée de corbeaux voltigeant au-dessus de ma tête.

Il est difficile de peindre la frayeur dont je me sentis envahi.

Je me relevai cette fois animé d'une très-vive ardeur, et bien décidé à combattre tous les abattements auxquels mon corps se laissait aller.

Pour me donner plus de courage, j'entendais distinctement l'aboiement des chiens, et au loin j'apercevais les maisons, aux toits couverts de neige, qui m'annonçaient un bourg.

Cependant une fois encore je retombai, mais une fois encore je luttai, je me traînai sur les genoux, je me traînai sur les mains, je parcourus dans cette posture une centaine de mètres, poussant devant moi la neige avec mon corps. Mais le froid fut le plus fort. Le sommeil m'envahit de nouveau et cette fois j'avais conscience de cette somnolence et je savais que j'en allais mourir ; mais alors j'appelais la mort de tous mes vœux ; puis je dis un adieu à la vie !

Combien de temps restai-je ainsi étendu ? Je l'ignore.

Je me retrouvai couché sur une planche, entouré de couvertures de laine.

Au chevet d'une espèce de lit de camp. Cinq ou six individus vêtus de peaux séchées m'entouraient ; ils parlaient un langage inconnu à mes oreilles. Des bols, remplis d'une liqueur jaune, étaient à côté de moi.

Mais à qui étais-je redevable de la vie ?

Quelques mots, que je leur adressai en mauvais russe, me l'apprirent.

J'étais dans une hutte de Gillaks.

Par quel hasard m'avaient-ils sauvé ?

CHAPITRE XIV

Un village gillak. — Le Kayour Ostrouski. — Les femmes gillaques.
— Leur coquetterie. — Leur toilette. — Leurs cheveux. — Pediculi. — Gastronomie. — Une bouillabaisse. — Le chien rôti. —
Bifsteacks d'ours. — Les chiens d'attelage. — Manière de conduire un traîneau. — L'Astol. — Les loups. — Combat.

Qu'étaient devenus mes compagnons ?... Étaient-ils morts ?

Ici de grandes difficultés surgissaient pour obtenir les renseignements que je désirais avoir. Je questionnais beaucoup dans un mélange bizarre composé de russe en très-petite quantité, de français en quantité plus considérable et de gestes désordonnés exécutés avec mes bras, à la manière des héros de pantomimes italiennes.

Je finis cependant par me faire à peu près comprendre.

Voici ce qui s'était passé.

Au moment où j'étais tombé sur la neige et où je m'emportais en rage folle contre mes compagnons, il paraît que j'avais été ingrat! J'étais loin de m'en douter, je l'avoue.

Cette fuite précipitée n'avait d'autre but que d'aller quérir des secours.

Chacun d'eux avait déjà trop à faire pour se tirer d'embarras. Ils avaient donc résolu de se rendre à un village gillack, distant d'un kilomètre seulement, où l'on devait trouver nourriture, abri et secours!

En effet, aussitôt arrivés, quatre hommes, dépêchés par mes compagnons, se détachèrent du village et m'emportèrent évanoui jusque chez eux, où je reçus tous les soins nécessaires.

Voici comment on avait procédé à ma guérison. Ils me mirent complétement nu, loin du foyer : l'un d'eux saisit une grande quantité de neige et commença une friction sauvage qui dura pendant cinq heures. Après quelques minutes de repos, ils reprirent la même opération, qui cette fois fut faite à l'alcool légèrement chauffé et dans lequel on avait fait préalablement infuser du gros sel.

Mes yeux s'ouvrirent alors ; quel spectacle!

Trente chiens, établis sur une table tenant le milieu de la hutte, aboyaient, hurlaient, se mordaient les uns les autres.

Je voulus parler, impossible de me faire entendre; les aboiements de cette meute dominaient tout autre bruit, mille autres chiens du voisinage leur répondaient:

au milieu de ce vacarme, les indigènes causaient, s'occupaient de leurs travaux, tout comme s'ils se fussent trouvés dans la vallée du silence.

Bientôt je voulus me lever, mais mes jambes me refusèrent tout service. Je m'aperçus que j'étais entortillé, depuis les reins jusqu'aux pieds, dans d'épaisses couvertures de laine.

—Où est Lazaroff, Stolokoï, Popoff? criai-je en cherchant autour de moi, comme si j'eusse dû les apercevoir.

Un vieux Gillack m'écouta avec de grands yeux stupéfaits et se contenta de sourire, en regardant cinq autres de ses compagnons, étendus paresseusement par terre et fumant philosophiquement leurs pipes. Le sourire du vieux Gillack, qu'il accompagna d'un seul mot prononcé à voix basse, dut être contagieux, car tous l'imitèrent avec enthousiasme.

Je laisse à penser jusqu'à quel point ce début de conversation pouvait me faire espérer que nous finirions par nous entendre.

Décidément, ce n'est qu'une éducation incomplète qu'on nous donne dans nos colléges; si j'avais eu seulement une toute petite teinte de la langue mantchoue, je ne me serais pas trouvé aussi embarrassé que je l'étais.

Je regardais autour de moi, comme un naufragé qui cherche une épave. Mes yeux tombèrent sur mon vieux Gillack, nous échangeâmes un regard bienveillant, il sourit, je souris et je faillis faire comme lui, c'est-à-dire que j'allais partir d'un éclat de rire semblable au sien : je l'ai dit, c'était contagieux.

Je voulus faire une dernière tentative, et, fixant directement mon singulier interlocuteur, je criai, de façon à être entendu distinctement de tous ceux qui se trouvaient autour de moi :

— Michaelowski, d'ici, loin?

Singulière idée celle-là qui fait qu'en parlant fort, et à la façon des nègres, on s'imagine être mieux compris!

Les nègres ne sont pas si éloignés de la vérité qu'on le peut croire, car en entendant le mot : Michaelowski, tout nuage se dissipa, et nous commençâmes à nous comprendre : voici la substance de ce qu'ils m'apprirent.

Michaelowski n'était plus qu'à quatre verstes, mes compagnons y étaient depuis deux jours; dès qu'il me serait possible de me remettre en marche, je partirais avec mon vieux Gillack, qui se ferait un plaisir de m'y accompagner.

Comment je fis pour comprendre tout cela, c'est ce que je ne saurais dire; seulement, à force de me faire répéter les mêmes mots, je parvins à saisir, par-ci, par-là, le sens qui devait s'y attacher.

Champollion n'eut pas plus de mal que je n'en eus, la première fois qu'il essaya de déchiffrer le sens des hiéroglyphes.

Une conversation plus longue eût été inutile pour le moment et surtout fatigante; je me recouchai, au milieu de l'étourdissant charivari que faisaient les quadrupèdes, qui n'avaient pas, d'une minute, discontinué leur concert.

J'étais, d'ailleurs, aussi bien installé dans cette hutte que je pouvais le désirer; on m'avait donné la place d'honneur; tandis que les habitants du lieu étaient étendus à terre, je me prélassais sur de bons tapis.

La lumière pénétrait difficilement dans ce lieu par des ouvertures pratiquées aux extrémités supérieures; ces fenêtres servaient également de cheminées.

A hauteur d'homme, le long des solives disposées à cet effet, contre les parois du bâtiment, se trouvaient tous les instruments de pêche et de chasse imaginables et inimaginables. Au milieu était une table, à deux pieds de terre; sur cette table, ainsi que je l'ai déjà dit, tous les chiens du propriétaire, assis gravement, attendant leur repas, la seule occupation de ces braves bêtes lorsqu'elles ne sont pas en voyage.

Sur chacun des brasiers étaient placées d'énormes cuves remplies d'eau tiède pour étancher toutes les soifs.

Autour de ces foyers, tous les habitants du lieu, groupés d'une façon pittoresque, hommes, femmes et enfants, tous fumaient dans de petites pipes à la manière japonaise. Quelques femmes allaitaient, leurs enfants mêlaient leurs cris à ceux des chiens; c'était un concours d'orphéons, dans lequel les quadrupèdes obtenaient le prix.

Autour de la chambre était une sorte de divan en nattes, sur lequel s'étendait, lorsque venait le soir, la population mâle et femelle qui composait cette famille patriarcale.

Tel était l'endroit où je me trouvais et tel est le tableau fidèle de mes impressions, quand mes yeux s'ouvrirent et que ma pensée fut lucide.

La nuit étant venue, la flamme du foyer éclaira seule la hutte, tout y devint fantastique, les formes qui se dessinaient à la lueur rouge des pins fumants se confondirent bientôt, et, peu à peu, il ne me sembla plus voir qu'une scène, dont les individus ressemblaient par leurs postures aux sorcières de Macbeth entourant la chaudière infernale.

Bientôt quelques-uns quittèrent cette attitude, pour prendre la position horizontale. Les chiens, dont les silhouettes allongées se profilaient le long des murs, s'étendirent sur leurs tables; de temps en temps, un grognement sourd, un coup de croc s'échange : au dehors, l'aboiement de ces animaux, courtisans de la lune, leur répond. Un seul de mes hôtes reste gravement assis et fumant. Parfois il se lève, va jusqu'à la porte, j'entends quelques coups secs, l'homme revient, et jette dans le brasier quelques branches de pin, qui réveillent le feu, avec un pétillement joyeux. C'est un nouvel aspect du tableau que j'ai devant moi.

Je vais donc passer la nuit au milieu de cette population, dont j'ignorais l'existence autrement que par les récits qui m'en avaient été faits quelques jours auparavant.

Et peu à peu, bercé par ce silence relatif, je commence à sommeiller.

Tout à coup je sens sur mon corps un va-et-vient mêlé de petits cris aigus, qui me font dresser les cheveux sur la tête. Le froid me paraît intense, dans un coin de la hutte, deux animaux, dont je n'avais pas encore soupçonné l'existence, poussent des cris et remuent, avec un bruit lugubre, des chaînes auxquelles ils sont attachés. Leurs yeux jettent des flammes, ils semblent prêts à tout dévorer. Je n'ose pas remuer, les petits cris aigus continuent, mon corps est envahi de plus belle : mes agresseurs étaient dix tout à l'heure, maintenant ils sont cent. Cependant le ronflement à temps égaux des maîtres du lieu scande mes terreurs; celui qui est chargé du rôle de la Vestale est éveillé, tout a l'allure paisible, régulière, décidément je suis le jouet d'une hallucination, dormons!

Les bras étendus le long du corps, je demeure immobile; bientôt je sens un petit chatouillement au bou des ongles, on dirait une plume qu'un être invisible promène intelligemment sur l'extrémité des doigts; le chatouillement devient insupportable, il dégénère en morsure, je me réveille, j'étends la main, je saisis un corps velu, les petits cris deviennent des cris d'agonie, je pousse une exclamation terrible, tout le monde est sur pied.

— *Statakoi*? (qu'est-ce que c'est?) s'écrie chacun.

Je ne trouvai pas une parole pour m'expliquer et cela se comprend, — mon ennemi est à mes pieds, je l'ai pressé un peu fortement, il m'a mordu et je viens de m'apercevoir que j'ai eu affaire à une bande de rats.

Je suis honteux, tout le monde rit, et mon ennemi vaincu est envoyé vers cet autre ennemi de mon sommeil, aux yeux de feu, qui remue des chaînes depuis le commencement de la nuit, il se jette dessus et n'en fait qu'une bouchée, — c'était un simple chat.

Pourquoi était-il attaché à une chaîne en fer, ce chat?

Le reste de la nuit se passa bien, plus d'accident ni d'incident; au jour, les hommes se mirent à raccommoder les filets, les femmes songèrent à préparer la nourriture. Les chiens y songeaient, eux aussi, leurs hurlements le témoignèrent.

Je pus alors, à la lueur du jour, mieux examiner les types de ceux qui étaient devant moi.

Quelques mots sur l'origine des Gillacks.

Le Gillack fait partie de la grande famille des Mantchoux, qui se subdivise en une infinité de peuplades. Autrefois tributaire des Chinois, le Gillack est devenu Russe depuis le nouveau traité qui assure toutes les provinces en deçà de l'Amoor à la Russie. Ce changement de gouvernement n'a rien ajouté ni retranché à son bien-être, ses habitudes n'ont pas été modifiées d'un *iota*; cependant, au début de la prise de possession, les Russes eurent quelque peine à s'établir, au milieu de cette population courageuse, habituée à manier le fusil, apte à se défendre : il fallut combattre; les Gillacks, les Golds, les Mantchoux, les Zoungars, repoussaient leurs nouveaux maîtres, dont les mœurs, les coutumes, les types, différaient si étrangement avec les leurs.

Malgré leur vaillance, ils durent succomber. Depuis ce temps, l'annexion n'a plus été troublée.

Le Gillack est disciple de Confucius; la Russie tend

tous les jours à ramener ces populations à l'orthodoxie grecque, qui a déjà fait un certain nombre de prosélytes.

Les cinq Gillacks que j'avais sous les yeux m'offraient un type assez curieux, mélange de Chinois, de Tatares et de Japonais. Trapus pour la plupart, carrés des reins et des épaules, ils me firent l'effet d'une classe d'hommes forts à la lutte et rompus aux dangers. Chez le plus vieux de mes hôtes, la face était développée plus de quatre fois à peu près que celle d'un Européen. Il avait les yeux à fleur de tête, comme chez les Chinois; le nez aplati au sommet, épaté à la base, comme chez les Tatares; la bouche grande et bien meublée, comme chez les Japonais : les cheveux, laissés dans toute leur croissance, formaient derrière la tête une petite natte, descendant sur le dos. On sait que les Chinois et les Japonais se rasent le dessus de la tête, la différence n'existe que dans la façon de porter la queue capillaire, qui chez le Chinois flotte, et chez le Japonais est relevée au sommet.

Les femmes gillakes sont assez délicates de forme, elles semblaient d'un caractère gai et ouvert. Elles seules se livraient aux soins de la toilette, les hommes se couchaient tout habillés, se levaient de même, et les ablutions m'ont paru leur être totalement inconnues; mais les femmes ne partagent pas ce dédain, et je les vis successivement prendre de cette eau dégelée, qui constamment fumait dans les grandes cuves installées sur les fourneaux, nettoyer leurs enfants, avec une propreté toute maternelle, et procéder à leur toilette particulière.

Elles portent généralement les cheveux longs et apportent un grand goût à la façon dont elles arrangent leur chevelure. Je fus cependant (je dois l'avouer malgré tout l'éloge que je serais porté à faire de la femme mantchoue) fort étonné d'une toute petite particularité. Ces dames, petites maîtresses, se peignaient religieusement au peigne fin, et à chaque fois que le peigne sortait de l'ondulante chevelure, elles regardaient, cherchaient, puis prenaient délicatement entre le pouce et l'index ce petit animal qui ne hante point les têtes aristocratiques, puis le posaient délicatement aussi sous la dent. J'entendais à chaque fois un petit : *Tac!* et la Gillake me regardait en m'adressant un sourire, qui me causait un ébahissement qu'on n'aura pas de peine à comprendre. En dehors de ce tout petit fait, ces dames sont charmantes, pour des Gillakes bien entendu, car je ne veux faire ici aucun état de comparaison.

N'avais-je pas vu les femmes japonaises se noircir les dents avec des excréments calcinés ? Qu'était-ce que ce goût bizarre à côté de celui-là !

Leur toilette achevée, ainsi que celle de leurs bambins, elles procédèrent à la nourriture de la race canine, ce qui n'était pas une petite affaire. Depuis quelques instants, je voyais se préparer devant moi un mélange bizarre. Dans ces grandes cuves dont on a déjà parlé, on avait plongé plus de quarante petits poissons séchés et fumés. L'action combinée de l'eau et de la chaleur avait délayé ces matières, qui répandaient dans l'atmosphère une odeur semblable à celle qui vous prend à la gorge dans les ports qui arment pour la pêche. Les chiens, depuis ces préparatifs, comprenant que c'était d'eux qu'on s'occupait, affectaient un calme en dehors de leurs habitudes. Leurs yeux ne quittaient pas d'un seul instant la grande casserole bienfaitrice; bientôt tout fut cuit à point, car une jeune Gillake d'une quinzaine d'années enleva le récipient et le plaça au milieu des bêtes, qui s'empressèrent de tout dévorer dans le moins de temps possible.

A côté, une autre cuve commençait à se remplir du même poisson.

Décidément, ces gens-là nourrissent très-bien leurs chiens, pensai-je. Après tout, quand on a des animaux qui rendent de véritables services, on ne peut moins faire.

J'étais plongé dans ces réflexions, lorsque la même jeune personne m'apporta une écuelle remplie de cette sorte de bouillabaisse que je croyais à l'usage exclusif de messieurs les chiens. — Manger une nourriture semblable à celle du chien, oh! fi!

Mon sang de Parisien affluait à mes joues, je repoussai l'écuelle avec un dégoût marqué.

— *Youkela nietto!* fit la jeune fille d'une voix flûtée.

J'appris que cela voulait dire en français :

— Quoi! vous refusez du poisson!

Cela me fut dit avec un étonnement sincère, puis la voix était douce, la faim aiguë, enfin il n'y avait pas d'autres mets; je repris mon écuelle en adressant le plus gracieux de mes sourires à la jeune fille, qui retourna aussitôt vers la grande casserole destinée aux chiens. Ces derniers, maintenant repus, nous regardaient dédaigneusement. Elle prit tout ce qui restait au fond, le mit dans une autre écuelle et l'offrit à un Gillak, qui l'accepta avec reconnaissance.

Le doute n'était plus permis, la nourriture était la même pour tous. J'aurais tant voulu me persuader que j'étais traité avec plus de cérémonie que les chiens !

Et cependant, j'en ai mangé pendant trois jours, et je dois dire, pour la tranquillité de mes lecteurs qui s'aviseraient de me plaindre, que le *Youkela* est une bonne chose !

Il ne s'agit que d'avoir le cœur vaillant pour y goûter, c'est ensuite une affaire d'habitude, voilà tout !

Pour la première fois depuis cinq jours, je commençais à recouvrer l'usage de mes jambes, mais je ne pouvais songer encore à mon départ ; du reste, le fleuve n'était pas complétement gelé, et je résolus de mettre le temps à profit pour voir ce que c'était que ce village où le hasard m'avait conduit.

C'était un amas de sept ou huit huttes toutes bâties sur le même modèle, exécuté avec toute la simplicité de l'architecture rudimentaire.

Si jamais un de ceux qui me lisent vient à se promener par-delà les montagnes du Chinghang, au milieu desquelles est enfoui ce petit village, qu'il n'oublie pas de demander Ostrouski.

Ostrouski, c'est, à l'heure qu'il est, un jeune Gillack de vingt ans, qui chaque fois que je le regarde par la pensée, me sourit, car j'ai déjà fait la remarque que l'hilarité est un don de nature chez ce peuple. Je me mis, en le considérant, à me demander plusieurs fois, si je ne m'étais pas déjà trouvé en contact avec lui.

Comme les autres, il est trapu, il a des épaules très-carrées, et sa tête, signe distinctif de cette race, mais plus caractérisée encore chez celui-ci que chez ses compatriotes, ne mesure pas moins de quatre-vingts centimètres de circonférence.

Si l'on veut se représenter le crâne de cet individu, je ne saurais mieux l'indiquer qu'en comparant sa face à ces énormes têtes en carton dont les plaisants se coiffent en temps de carnaval.

Les joues d'Ostrouski sont de manifiques rondes bosses bleuies par le froid.

Un des cartilages de son nez, saisi par la bise, n'a pu résister, et il est resté au fond des steppes neigeuses, que son possesseur a si souvent parcourues.

Malgré tout ce que ce portrait peut offrir de grotesque à l'imagination, non-seulement j'affirme que je n'en exagère pas les lignes, mais j'ajoute que l'original n'a rien d'antipathique à la vue.

Revenons à ma situation.

Donc je suis dehors et Ostrouski est près de moi.

Il parle un peu la langue russe, guère plus que moi; cependant, la conversation va devenir difficile, et pourtant j'éprouve un besoin réel d'échanger quelques idées, nous allons tâcher de nous entendre.

— Bonjour, Ostrouski — fais-je en me retournant.

Cette entrée en matière, toute civile, me semblait de bon augure.

— Bonjour, *Bari* (seigneur), me répond Ostrouski.

— Pourquoi m'appelles-tu seigneur ?

— Tous les Russes sont seigneurs, et vous l'êtes, me répondit-il.

— D'abord, Ostrouski, je ne suis pas Russe.

Un sourire de grande incrédulité se dessina sur les immenses lèvres de mon ami.

Vous n'êtes pas *Kitaïski* (Chinois) cependant.

— Non, je ne suis pas *Kitaïski*, fis-je en souriant.

— Eh bien, alors !... reprit Ostrouski sans ajouter un seul mot, comme s'il me croyait tout à fait convaincu par cet argument.

— Mais, mon cher Ostrouski, il n'y a pas que des Russes et des Chinois au monde, et la preuve, c'est que je suis Français.

Français ! fit-il en répétant le mot avec un prodigieux étonnement.

Je me serais intitulé Crocodile que cela lui aurait certainement fait le même effet.

— Français ! répéta-t-il une seconde fois.

Puis il ajouta avec un merveilleux sang-froid :

— *Statakoï* (qu'est-ce que c'est que cela) ?

Ici je compris que j'étais entré dans une voie très-périlleuse, car à mesure que je cherchais à expliquer à Ostrouski ce que c'était que les Français, son œil s'arrondissait, sa bouche s'élargissait, et plus je développais ma description, plus l'incrédulité se peignait sur sa large face.

J'y renonçai, de sorte qu'Ostrouski demeura convaincu qu'il avait dit vrai, et que je devais être un Russe. Tout en marchant à côté de moi, il murmurait tout bas le mot : *Ruski ! Ruski !* à la façon des Chinois, qui répètent le même mot jusqu'à vingt fois, sans utilité, que l'inutilité de la redondance. C'était fini, j'étais Russe, nul raisonnement ne l'en aurait pu faire démordre.

— Ostrouski, repris-je après un instant de silence, pendant lequel il mâchait son sempiternel : *Ruski !* exactement comme de vieux capucins récitant leur bréviaire, ou égrenant leur chapelet, — qu'est-ce que tu fais, toi ?

— Moi, seigneur, répondit mon aimable compagnon, je suis kayour.

— Kayour ! répétai-je, comme il avait répété tout à l'heure le mot : Français ; kayour, qu'est-ce que c'est que cela ?

— Eh bien, kayour, tiens ! kayour ! fit-il en me regardant comme si aucune explication n'était utile, en dehors de ces deux ou trois paroles.

— J'entends bien, kayour, mais qu'est-ce que c'est que cela ? repris-je en insistant.

— Le Bari veut se moquer de moi, dit Ostrouski, il sait très-bien ce que c'est qu'un kayour, celui qui conduit les chiens ne peut être inconnu de monseigneur.

— Ah ! très-bien, kayour, — cocher de chiens, — parfait ! mais il fallait le dire tout de suite, fis-je avec volubilité, en m'excusant presque, auprès d'Ostrouski, de ma trop grande ignorance.

C'était encore bien vague, tout cela. Cependant je pouvais regarder fièrement mon jeune ami, je savais ce qu'il était et chaque fois qu'il m'appelait *seigneur*, je lui répondais invariablement : kayour. Je ne sais pas si c'était un titre chez les braves Gillaks, mais cette appellation ne lui semblait pas désagréable.

Depuis quelques instants, j'étais très-étonné d'une particularité architecturale qui distinguait les habitations que j'apercevais, et je brûlais d'interroger mon kayour.

Quelques-unes des huttes au milieu desquelles nous nous promenions étaient surélevées de quelques mètres; on y arrivait par de petits escaliers dont les pieds s'enfonçaient dans la neige. Des maisons s'appuyaient sur des ponts, comme si elles étaient bâties sur pilotis; d'autres, au contraire, semblaient profondément enfoncées dans la neige, et, pour y arriver, il fallait descendre parfois des pentes très-rapides. D'où venait ceci? J'appris que tous les villages mantchoux sont bâtis à vingt mètres du sol, et établis sur des poutres : l'été, on y arrive par des escaliers qui y conduisent; l'hiver, la neige comble le vide, et le sol devient au ras de l'entrée. Ce mode de construction me sembla d'une grande ingéniosité. En effet, en hiver, la neige, qui dans ces pays tombe avec une abondance inconnue chez nous, ensevelirait en une nuit les habitations des Mantchoux, si ces utiles précautions n'étaient prises. L'été, au contraire, au moment de la fonte, il deviendrait impossible d'habiter ces mêmes huttes si le surexhaussement ne les maintenait, autant que possible, en dehors de l'action de l'humidité.

Ostrouski, après cette explication, que je saisis avec beaucoup de peine, me fit observer que la nuit venait, et qu'il fallait songer au retour; j'y consentis, et quelques instants après nous étions de nouveau réunis autour du foyer.

Bon Dieu! quel changement! Au-dessus de l'âtre, une énorme torche brûlait et répandait des feux rougeâtres, l'eau-de-vie mantchoue, chauffée dans les petits récipients de cuivre, circulait de bouche en bouche, le nombre des assistants était doublé. Que se passait-il? Les femmes avaient revêtu des costumes d'une richesse qui me surprenait : on avait évidemment dû sortir les plus beaux atours. Ce qui en faisait foi, c'étaient les grandes robes de peau d'anguilles, ornées d'un nombre prodigieux de petits clous de cuivre, semblables aux clous des tapissiers, et dessinant sur ce vêtement les arabesques les plus excentriques. Cet ornement pèse environ 20 à 25 livres ; elles portaient de grands anneaux de cuivre aux oreilles, d'un poids d'une demi-livre au moins, ce qui défigurait absolument cet organe, au point d'en allonger le lobe des deux tiers et même des trois quarts.

Les chiens eux-mêmes paraissaient être de la fête; leurs mouvements étaient plus vifs, leurs aboiements plus joyeux. Je m'approchai fort intrigué d'Ostrouski et lui dis :

— Kayour! que se passe-t-il donc ce soir?

— Seigneur, me répondit-il, Kopelskoïski a tué un ours, et il en a envoyé une part.

Je n'eus garde d'avoir l'air étonné, au contraire. Je commençais à trouver fort bien qu'on festoyât. Je n'eus qu'un regret, ce fut de ne pouvoir payer mon écot en me faisant représenter par quelques flacons des vins de mon pays, quand ce n'eût été que pour apprendre au kayour Ostrouski la différence qui existe entre la Russie et la France.

Bientôt on apporta un énorme quartier d'ours, et chacun se mit en devoir de prêter la main au dépècement de l'animal ; la peau fut détachée avec soin, puis suspendue quelques instants au dehors, pour être ensuite enfouie profondément dans la neige.

Pendant ce temps, les chiens attentifs pourléchaient leurs babines avec convoitise, s'envoyant les uns aux autres des regards qui certainement voulaient dire : Tout à l'heure nous aurons notre ration! Une fois l'animal dépouillé, ce qui fut fait avec une rapidité excessive, on procéda à son désossement. Une partie fut gardée et les autres portions mises au dehors. Je me demandais pourquoi, au lieu de conserver le tout dans l'intérieur, on exposait par les chemins ces morceaux si délicats, au risque de les faire dévorer. Je sortis un instant et je me rendis bientôt compte de ce fait.

Au bout de hautes perches, enfouies profondément dans la neige, se balançaient les quartiers d'ours. Depuis une heure à peu près qu'ils étaient à cette place, la gelée les avait durcis, et j'appris en même temps que, de cette façon, ces conserves pouvaient durer tout l'hiver. Le froid est en effet le meilleur procédé de conservation, comme on sait ; mais la fourrure, où était-elle? Je ne la voyais pas suspendue comme les trophées de chasse. Ostrouski m'avait dit qu'on l'avait enfouie dans la neige. Pourquoi cet enterrement?

J'appris bientôt que, si les chiens sont friands de la

viande, ils ne le sont pas moins de la peau, et qu'alors, pour éviter la destruction complète de ces belles fourrures, on est obligé de les enfouir. Une fois préparées, elles peuvent supporter la chaleur.

Je rentrai bientôt ; le festin était commencé..

Tout le monde était par terre, assis en rond, chacun tenait à la main une partie de l'animal : à tour de rôle, les morceaux étaient lancés dans le foyer ; lorsque la cuisson semblait être à point, au gré de l'amateur, il retirait sa part, au moyen de deux petits morceaux de bois, et la déchiquetait avec un appétit formidable, sans d'autres préparations. Je puis certifier que c'est là un plat délicieux, meilleur, à coup sûr, que le *Youkela*, dont je commençais à me dégoûter un peu.

Le maître de la maison avait voulu rendre politesse pour politesse à son ami Kopelskoïski, et dans un coin de la hutte cuisait à grand feu un autre appendice de la cuisine du pays ; c'était un petit chien de lait, qui, gras et dodu, était fait pour allécher les plus fins gourmets : sa graisse s'échappant difficilement de ses pores, on avait pratiqué des incisions sur son corps pour qu'elle pût couler lentement sur une pièce de fer-blanc, légèrement concave. Ostrouski s'était chargé de veiller à ce rôti. Ces animaux tenant la place d'honneur dans les festins, Ostrouski, en gourmand émérite, crut devoir me donner quelques conseils ; d'abord il me recommanda de ne jamais toucher la viande de chien avec le fer, le bois doit être seul employé en pareil cas ; puis il me révéla encore que le meilleur morceau était la partie attachée à l'arrière-train. Décidément Ostrouski était un véritable ami ! Il me le prouva plus tard d'une façon beaucoup plus efficace.

Les chiens qui sont réservés à la nourriture des Gillacks, engraissés avec soin, ne travaillent jamais. Ils ont à leur disposition tout ce que la nature d'un chien peut réclamer. Ils présentent alors à l'œil le spectacle le plus réjouissant. Leur obésité est magistrale, leur abdomen traîne presque à terre et leur prête la gravité d'un personnage important. Lorsqu'ils en sont arrivés à cet embonpoint cherché, il est rare que l'indigène leur laisse plus de deux jours à vivre.

Un murmure venait de s'élever, mes narines en même temps étaient frappées par une odeur de poisson frit, qui me semblait étrange, sachant pertinemment que, en dehors du *Youkela*, les Mantchoux ignorent l'art de la friture. Cependant Ostrouski, d'un air important, bousculait tout le monde, on riait en lui livrant passage. Les femmes suivaient le kayour de l'œil, les hommes guettaient ses mouvements avec anxiété, sans en perdre un seul.

Sur un plateau de fer, était étendu, les pattes tournées en l'air, le petit chien à poil ras. Son pauvre corps tout rissolé nageait dans une nappe de graisse fumante ; les incisions pratiquées dans son abdomen laissaient encore échapper dans un onctueux suintement cette graisse jaune qui sollicitait les houppes du palais par son air appétissant.

Mais d'où venait cette odeur de poisson qui me poursuivait sans cesse ? Je cherchais dans les fournaises, mais je n'apercevais rien qui pût justifier cet arome.

Pendant ce temps on découpait l'animal; comme tout à l'heure, chacun s'emparait avec avidité du morceau qui lui était adjugé. On se brûlait, cela ne faisait rien. Ce spectacle, qui ressemblait plutôt à un repas de chacals qu'à une agape humaine, m'intéressait à un tel point, que je m'étais oublié.

Ostrouski me tira de mon état contemplatif en me présentant, sur une petite plaque de bois qui servait d'assiette, un magnifique morceau de ce gigot de caniche.

J'allais y mettre la dent, non pas que cette nourriture eût pour moi beaucoup d'attrait, mais j'étais presque expert dans la matière, et, de même que celui qui a mangé des truffes noires dans le Périgord, veut manger des truffes grises dans le Piémont, pour établir la différence qui existe entre les deux tubercules, moi qui avais mangé du chien ras en Chine, je voulais manger du caniche en Mantchourie, pour pouvoir suffisamment apprécier la supériorité de l'une ou de l'autre race. Mon idée, comme on le voit, était louable !

Je portai donc à ma bouche la chair de l'animal, sous l'œil souriant du kayour cuisinier Ostrouski, qui semblait me dire :

— Comme tu vas trouver cela bon !

Mais, hélas! à la première bouchée je dus rejeter bien loin de moi cette odieuse chair, au grand désespoir de mon ami.

Ce chien empestait le poisson, c'était lui qui, tout à l'heure, avait offensé mon odorat avec tant de persistance.

Non, jamais je ne pourrai faire comprendre l'impression désagréable que je ressentis en goûtant ou plutôt en essayant de goûter de cet animal, caniche par les formes, poisson par le goût !

Ostrouski était ébahi ; il ramassa piteusement le morceau que j'avais jeté, et d'un air maussade il s'en alla le manger loin de moi.

Je venais évidemment de porter un coup sensible à son amour-propre de cordon bleu !

Les populations des rives de l'Amoor sont toutes ichtyophages ; hommes et bêtes, tous ne se nourrissent que de poisson, aussi les œufs, le lait, la volaille, la viande de boucherie, le porc, tout sent le poisson ; aimez le poisson, ou n'allez pas à l'Amoor ! Je crois que si le pays produisait des légumes, les légumes sentiraient le poisson !

Une heure après cet incident, qui n'avait aucunement troublé la joie de mes hôtes, tout le monde dormait étendu pêle-mêle, dans un désordre qui n'était pas un effet de l'art ; hommes et femmes jonchaient le sol. De temps en temps on entendait le cri d'un enfant, réclamant le sein de sa mère, la torche s'éteignait lentement, le foyer jetait à ras de terre des lueurs tremblantes qui se reflétaient sur toutes ces faces enluminées par les alcools ; au dehors, par intervalles s'élevait le croassement assourdissant des corbeaux, et ces cris achevaient de donner à cette chambrée l'aspect d'un champ de bataille.

Le lendemain, je dormais encore, que tout avait repris l'aspect accoutumé. Au fur et à mesure que les invités s'étaient réveillés, ils étaient retournés chez eux.

La promenade que j'avais faite la veille m'avait donné la mesure de mes forces, et je me croyais assez solide pour pouvoir me rendre maintenant à Michaelowski, si toutefois le temps permettait de tenter ce voyage sans trop de danger.

Je questionnai Ostrouski dans ce sens : la nuit avait été très-froide, et la neige, congelée sur toute la route, offrait la possibilité d'opérer le trajet en très-peu de temps. Ostrouski ne jugea pas prudent de prendre le fleuve; nous ferions mieux, disait-il, de traverser une partie de bois qui se trouve sur le flanc du petit Ching-hang : en deux heures nous pourrions atteindre Michaelowski, où j'étais signalé, et certainement attendu, puisque mes hommes y étaient arrivés, à moins d'encombres nouveaux, depuis cinq jours au moins.

Le départ fut fixé pour le jour même, Ostrouski m'accompagnait.

Il choisit un léger traîneau. Bientôt douze chiens furent attelés au véhicule, et à cheval, tous deux, sur le sommet, armés chacun d'un long bâton, terminé par une pointe de fer de vingt centimètres, nous partions escortés, jusqu'à la sortie du village, par les cris de toute la population, qui s'était rangée sur notre passage.

En quelques secondes, nous fûmes sur la grande route; aucun bruit, partout de la neige, des forêts de pins, de temps en temps quelques-uns de ces arbres gigantesques, gisant sur le sol, renversés par l'ouragan, un horizon gris de plomb, un ciel mat, un froid de quinze degrés; voilà pour le paysage et la situation.

Ostrouski ne me parlait pas, tout occupé qu'il était de la conduite de nos animaux. Quel feu! quel entrain! Je ne l'eusse jamais soupçonné! Dans la hutte, accroupi près du feu, cet homme avait l'air endormi d'un castor qui attend la belle saison. Au grand air et avec ses chiens en laisse, il prenait une tout autre allure. Ses jambes, qui semblaient gelées comme les stalactites qui entouraient la cabane, avaient une élasticité extraordinaire; le corps, qui semblait incapable d'un mouvement rapide, avait la souplesse de l'acier. Armé de son bâton, qu'il tenait de la main droite, il accomplissait des prodiges d'adresse : il jonglait avec son astol (1), à la façon des acrobates; les chiens, animés à sa voix, couraient avec une vitesse de quinze kilomètres à l'heure.

Quelques explications, d'abord sur la façon dont est construit le véhicule qui nous porte.

Quatre morceaux de bois de quatre centimètres de large à peu près, sur trois mètres de long, voilà la partie fondamentale de la *nart* ou traîneau.

Deux de ces morceaux de bois forment la base, les deux autres le sommet ; la distance qui les sépare, pour en faire un parallélipipède, est de vingt centimètres en hauteur, et de trente centimètres en largeur : de distance en distance, dans la longueur du traîneau, sont établies d'autres pièces de bois, reliées entre elles par des cordes qui donnent une solidité nécessaire à cette

---

(1) C'est ainsi que s'appelle le long bâton armé de fer que je viens de décrire.

sorte de patins attelés, car je ne saurais mieux définir ce moyen de transport. Un filet de corde tient le milieu de la *nart*, c'est là que le voyageur empile son bagage ; les deux côtés du traîneau sont unis par des pièces de bois retenues par d'autres cordes. Du *bois et des cordes*, aucune autre matière ne sert à la construction de ce véhicule, qui est le seul existant depuis les bords de l'Amoor jusqu'à l'Océan Arctique.

Il est traîné par un nombre de chiens qui varie depuis trois jusqu'à quinze et quelquefois davantage, rarement cependant. Le voyageur, à cheval sur la *nart*, n'a d'autre souci que de maintenir l'équilibre de la voiture. Les aspérités de terrain, nombreuses, surtout quand le chemin n'a pas été beaucoup parcouru, renverseraient la totalité de l'ouvrage si l'on n'avait soin, par des coups de pied, vigoureusement appliqués sur la neige, de rétablir l'équilibre soit à droite, soit à gauche, selon que le traîneau menace de renverser d'un côté ou de l'autre.

Bientôt les chiens, animés d'une ardeur excessive, ne reconnaissent la voix du maître qu'à condition qu'elle serve à les exciter davantage, jamais à les calmer. Aussi, pour obvier à cet inconvénient, armé de l'*astol*, le voyageur qui veut arrêter son équipage doit-il le planter dans la neige, aussi profondément qu'il lui est possible de le faire.

Cette manière brusque de faire une halte est irrésistible, l'attelage étant alors forcé de s'arrêter net.

L'*astol* sert encore pour les pentes : piqué dans la neige, il établit un sillon assez profond pour que le poids de la *nart* oblige encore le chien à une marche moins rapide, il remplace le frein dont se sert le mécanicien pour diminuer la vitesse de la locomotive.

Sur le devant du traîneau s'assied le kayour; c'est lui qui se charge de tout; il a l'œil à tout, partout. Rien de ce qui se passe ne doit lui échapper; à chaque instant il doit sauter à terre, examiner l'état des bêtes; puis lestement il se rassied, et continue sa route.

Le lecteur peut maintenant se rendre un compte exact de la position de mon guide et de la mienne.

Ostrouski est sur le devant, il est assis en *amazone*; moi, je suis derrière à califourchon. Je suis chargé de l'équilibre de la nart, et avec l'*astol* je dois, le cas échéant, arrêter toute la meute, si besoin est; tout cela est assez naïf et pourtant assez difficile pour moi. Ostrouski ne reste pas trois minutes en place : tel chien ne tire pas suffisamment; d'un coup hardi, il lui lance sur le corps son *astol*; le chien plie les reins, pousse un cri, et toute la meute se sent animée d'une ardeur nouvelle; l'astol est tombé à terre; sans arrêter le traîneau, Ostrouski se baisse et le ramasse, il joue avec ce morceau de bois, qui ne pèse pas moins de quinze livres, comme un tambour-major avec sa canne : les mots les plus étranges sortent de sa bouche; à chacune de ses interpellations, les chiens semblent devenir fous.

— Hé! Droughi!

Les chiens partent comme des flèches. Ils se ralentissent :

— Hi! hi!

Deux cris aigus comme ceux de l'orfraie.

Et la meute repart.

— Tarabotta! tarabotta!

Les chiens sont pris de vertige.

— Pash! pash! pash! Et en même temps il saute à terre, les chiens le voient, une lutte de vitesse s'établit entre l'homme et les bêtes. Les voilà bien lancés, il saute de nouveau lestement sur la nart, et nous continuons de ce train-là pendant un assez long temps.

Déjà nous apercevons des toits couverts de neige.

Voilà Michaelowski!

Cette façon de voyager est excessivement intéressante : le chemin m'a semblé trop court.

Tout à coup les chiens ont fait une rapide conversion et pris une route tout opposée à celle que nous suivions.

— Stoy! stoy! me crie mon guide; je l'imite et j'enfonce mon astol aussi profondément que je le puis; mais l'astol glisse sur une neige qui n'a pas eu le temps de durcir à l'abri des pins.

A chaque instant, nous craignons de nous voir précipiter contre un des arbres qui nous entourent. Alors c'en sera fait de nous.

Mais d'où vient cette course folle?

Les chiens ont bifurqué tout à coup sans raison apparente, et les voilà qui, animés d'une vitesse encore plus grande, regagnent leur village par un autre chemin. Préoccupé de cette fuite diabolique, je suis à chaque instant obligé de me baisser, de peur d'être renversé à terre ou brisé par un arbre. Je ne m'occupe que de moi, et j'ai suffisamment à faire!

Ostrouski a retourné la tête avec terreur, ses traits sont décomposés; au lieu de retenir la meute, il l'anime maintenant avec une excessive ardeur.

Pour la première fois, je m'aperçois de sa pâleur. Que se passe-t-il? Je m'oublie un peu, et je suis son regard : au loin une petite troupe, ressemblant parfaitement à la meute qui nous traîne, gagne visiblement du terrain sur notre attelage.

— Sabacka? (des chiens?) lui dis-je.
— Non, répond-il.

Et en même temps il m'articule un nom que je ne comprends pas. Un instant, je reste hébété.

Si ce ne sont pas des chiens, qu'est-ce que cela peut être ?

Tout à coup la lumière se fait dans mon cerveau. A son animation, à la déroute des chiens, je comprends tout, ce sont des loups !

Je retourne la tête, ils s'avancent; bientôt, ils vont nous rattraper !

Oubliant tout, je lâche mon astol inutile, je saisis mon fusil que j'avais eu la précaution de tenir entre mes jambes : ce mouvement pensa nous être fatal. Occupé de ce qui se passe devant lui, et derrière lui surtout, Ostrouski n'a pas saisi l'inclinaison de mon corps. A ce moment le traîneau heurte un tronc d'arbre, nous voilà tous renversés, bêtes et gens !

Les loups continuent d'avancer !

Je me dégage comme je le puis. Ostrouski essaye en vain de rétablir l'ordre, les chiens ont aperçu leurs ennemis, qui se dirigent vers eux à grande vitesse. Il est impossible de les retenir. Quelques instants encore et un combat terrible va se livrer!

Ostrouski est renversé et foulé aux pieds par ses bêtes; je suis parvenu à me jeter de côté, j'arme mon fusil.

Les onze chiens arrivent sur les loups en peloton serré, l'un contre l'autre, la nart au dos, seulement elle est maintenant complétement vide. Le poisson nécessaire à leur nourriture, quelques couvertures de feutre, que j'avais emportées pour me préserver du froid, tout cela était pêle-mêle à terre.

Au moment où la prise va avoir lieu, je lâche deux coups de fusil, presqu'à bout portant.

J'ai le bonheur de blesser un des loups, qui se roule en poussant d'affreux hurlements. Quelques instants après les chiens, qui se sont arrêtés au bruit de la détonation, fouillent à plein museau, avec une ardeur peu commune, le loup étendu à terre; les autres loups se précipitent sur leurs adversaires, sans faire la moindre attention à nos deux individus. J'en profite pour recharger mon arme, mais, cette fois, je ne pourrai tirer que dans le tas.

Ostrouski m'en empêche, les maisons de Michaelowski sont à cinq cents mètres à peu près, mieux vaut gagner e village; les chiens tiendront bien le temps nécessaire à notre retour, dans le cas où ils ne seraient pas les plus forts.

La crainte de tuer un de ces braves animaux me fait obtempérer à son désir, et nous commençons notre retraite baïonnette croisée.

Nous n'avions pas fait deux cents pas, que nous vîmes venir à nous plusieurs personnes, que, d'après leur type, je jugeai appartenir à ma race.

C'étaient des Russes du village de Michaelowski, que le bruit de la détonation avait attirés et qui sortaient pour s'enquérir de la cause de ce tumulte inusité dans ces tranquilles forêts.

Je proposai de retourner sur le lieu du combat, mais on me fit observer que moi seul étais porteur d'une arme, ce qui était vrai, et que le sprasnick de Michaelowski, ou maire de la commune, m'attendait depuis deux jours avec la plus grande anxiété. Il avait même dépêché le matin deux Cosaques à ma recherche, au village d'où je sortais : il valait mieux se hâter de rentrer en ville.

Je ne crus pas devoir m'opposer plus longtemps à ces sages observations, et je me rendis aussitôt, le fusil sur l'épaule, à travers les rues de Michaelowski, où j'excitai une véritable curiosité, vers la demeure du sprasnick, Mayer Jagoriagoritch.

CHAPITRE XV

Michaelowski. — Les brigands honnêtes. — Le sprasnik. — Hospitalité. — Un correspondant de Hertzen, rédacteur de *la Cloche*. — Dans un baril. — Le pope Stoskoï. — Le gouvernement polke. — Un peintre sibérien. — Histoire du sprasnick. — Sa femme. — Trompé. — Duel. — Exil. — Ivrognerie. — Colonisation. — La liberté en Sibérie. — Adieux.

Bâti sur le versant de la grande route du Chingang, Michaelowski se profile en amphithéâtre aux yeux du voyageur. Au pied du village se déroulent majestueusement les eaux du fleuve Amoor. Distant de cent cinquante verstes de Nikolaewska, le bourg de Michaelowski, par sa proximité de la capitale maritime de la Sibérie orientale, est appelé à un très-grand développement dans un avenir prochain.

Quant à présent, la population complète de Michaelowski peut atteindre le chiffre de trois mille habitants, composés moitié de Cosaks, moitié d'indigènes.

A peine étais-je entré dans le village que je vis venir à moi un homme d'une haute stature, vêtu à la façon des squatters américains; d'aussi loin qu'il m'aperçut, il me fit mille démonstrations amicales. Quelle ne fut pas ma surprise quand, arrivé près de lui, je l'entendis m'adresser la parole dans le plus pur français!

Il y avait longtemps que je n'avais été à pareille fête.

Cet homme, qui s'appelait Meyer, était le sprasnick (le maire) de l'endroit. Il me conduisit à sa demeure.

— Vous savez, — fit-il en m'introduisant dans une pièce large et spacieuse, — vous êtes ici chez vous; je suis garçon, vous ne serez dérangé par personne. Nous vivrons simplement, je vous en préviens; par exemple, il me serait difficile de vous offrir des dîners semblables à ceux de la *Maison d'or* et du *Café anglais!*

Et un large sourire illumina sa face réjouie, comme si un souvenir joyeux venait tout à coup de se réveiller dans son esprit.

Toutes choses convenues entre nous, il me demanda la permission de vaquer à sa besogne et je procédai à mon installation.

La chambre dans laquelle je me trouvais était meublée d'un banc de bois appuyé contre le mur blanchi à la chaux; à ce mur étaient suspendus deux fusils de chasse, et à côté une carnassière; dans un coin, un bureau; un paravent était ouvert au fond de la pièce; derrière ce paravent se trouvait une mince couchette en bois peint, recouverte d'une fourrure d'ours noir. C'était mon lit. Un énorme poêle tenait le milieu de la chambre, et de douilles fenêtres, donnant sur la route et sur le fleuve, empêchaient le froid de pénétrer dans l'intérieur.

A côté de la hutte de Gillacks, c'était confortable.

Il est peut-être convenable de parler de mon hôte.

Le sprasnick Meyer pouvait avoir quarante ans. Sa haute stature, que les travaux et les chagrins avaient voûtée, accusait un homme qui avait dû être merveilleusement constitué dans sa jeunesse. Ses traits étaient beaux et réguliers; une demi-calvitie exagérait les proportions colossales de son crâne; son front était ridé et portait une cicatrice; ses dents étaient blanches, sa barbe grisonnait, et tout cet ensemble avait quelque chose de bon et de fort.

Cependant je ne savais ce qu'était devenu mon Gillack, je m'en informai près de Meyer quand je le revis; il frappa sur une sorte de timbre, un soldat entra, quelques mots furent prononcés en russe, et le Cosak, sans prononcer une parole, et comme s'il avait été mû par un ressort, sortit automatiquement.

— Vous avez vu ce soldat? me dit le sprasnick.

— Oui, répondis-je.

— C'est un condamné à mort; on m'a envoyé cet homme il y a six ans; depuis cette époque il vit ici, je n'ai jamais eu la moindre plainte à lui adresser. C'est un singulier pays que le nôtre!

J'allais lui demander quelques explications, quand Ostrouski pénétra, précédé du *planton à ressort*.

Ostrouski poussait des hurlements semblables à ceux d'une bête féroce ; ses joues étaient inondées de larmes.

— Qu'as-tu ? fit le sprasnick avec sévérité.

Ostrouski expliqua dans sa langue, avec une vivacité extrême, le motif de ses douleurs ; je cherchai en vain à comprendre ce que disait le kayour.

— Diable ! fit Meyer en se retournant vers moi, voilà qui est grave.

— Que se passe-t-il donc ?

— Ostrouski, continua Meyer, est dans la désolation, parce qu'il vient de retourner avec du renfort sur le lieu où vous avez laissé votre traîneau, et il n'a plus trouvé que de minces vestiges ; le peu qui reste des onze chiens est estropié et incapable à tout jamais de rendre service.

— Ne pourrait-on réparer ce désastre avec quelque argent ?

— Donnez-lui seulement vingt roubles pour ses chiens, et il consentira de grand cœur à affronter les mêmes dangers.

— Mais non pas moi !

Et je tendis vingt roubles à mon Gillack.

Le spectacle changea, la gaieté la plus folle reparut sur le visage de ce brave garçon.

Il me quitta avec force démonstrations, et me jura qu'il penserait toujours à moi.

— Un véritable ami que vous vous êtes fait là, fit Meyer. Ces hommes sont d'un dévouement aveugle. Dans vingt ans Ostrouski se rappellera votre bienfait ; en attendant, vous allez être béni par le village tout entier. Malheureusement, — et en même temps mon nouvel ami poussait un profond soupir, — mes compatriotes ne les ont pas habitués à ces façons d'agir; j'ai toutes les peines du monde à faire comprendre à mes Cosaks que ce qui appartient à ces gens est aussi bien à eux que ce qui nous appartient. Malgré tous mes efforts, la maison d'un Gillack est toujours regardée par un Cosak comme ville conquise; j'ai beau être sévère, je n'arrive pas à déraciner cette idée sauvage.

— Mais les pauvres gens ne se défendent donc pas?

— Ils s'en garderaient bien, ils craindraient trop un châtiment plus terrible que le vol! Ils n'osent même pas venir se plaindre auprès de moi, malgré tous les efforts que je fais pour établir dans nos relations une confiance mutuelle.

La soirée était avancée, nous en restâmes là de notre conversation.

Le lendemain, mon hôte m'apprit qu'un des trois hommes qui m'avaient accompagné depuis Kiesy était venu me demander.

— Lequel est-ce? fis-je.

— Lazaroff, répondit Meyer.

— Un vilain monsieur, et j'aime autant ne pas le voir.

— Je le connais de longue date : c'est un juif qui a été pris exerçant la contrebande et fouillant dans les poches des voyageurs sur les frontières d'Allemagne. On l'a envoyé chez nous pour y passer le restant de sa vie; c'est un des rares sujets qui ne se soient pas repentis. Mais quels sont vos griefs contre lui?

— O mon Dieu! j'ai tout bonnement failli le tuer.

14.

— A propos de quoi ?

Je racontai les incidents principaux de notre voyage, sans omettre l'achat du bateau et la location de mon homme.

— Comment! cent roubles un bateau! Êtes-vous bien sûr du chiffre que vous me dites?

— Parfaitement sûr, répondis-je, et ma bourse s'en est fort bien aperçue.

Le sprasnick appuya vigoureusement la main sur son timbre, le planton automate parut de nouveau.

— Lorsque Lazaroff viendra, tu l'introduiras.

— Très-bien! fit le soldat mécanique, que j'avais cru muet. Et il se retira.

— Cent roubles! répétait Meyer, quel homme horrible!

— Au fond! dis-je pour adoucir le sprasnick, je dois pourtant lui savoir gré de m'avoir fait rechercher par les Gillacks, une fois qu'il fut arrivé dans leur village.

— Parbleu! il savait très-bien que, s'il ne vous avait pas ramené mort ou vivant, il aurait payé de la mort votre disparition; vous étiez marqué sur son *poderochne* (passeport), il fallait qu'il justifiât de votre personnalité, soit à moi, soit à toute autre autorité; seulement, la question de vous ramener vivant lui était indifférente. Je ne sais même pas s'il ne vous a pas laissé en route avec l'intention de vous faire geler et de vous voler ensuite. J'éclaircirai ce fait, mais je parierais ma tête que vous êtes resté étendu sur la neige juste le temps nécessaire, d'après son calcul, pour ne jamais rouvrir les yeux.

J'étais atterré !

A peine Meyer avait-il terminé sa phrase que Lazaroff entra, obséquieux comme tous les moujiks; avant que le sprasnick eût parlé, il lui avait saisi les mains et y imprimait des baisers sonores. Meyer parvint à se dégager, mais ce fut alors à moi de subir ces écrasantes politesses; enfin il daigna cesser ce manége fastidieux.

— Combien, fit le sprasnick sévèrement, coûte un bateau à Kiesy?

— Dame ! seigneur, fit mon Lazaroff un peu troublé, cela dépend.

— Le plus neuf, le plus beau?

— Eh bien, quarante roubles.

— Tu mens; vingt-cinq au plus. Alors pourquoi as-tu fait payer le tien cent roubles à monsieur? continua le sprasnick en me désignant.

— Monsieur est étranger, répondit-il, j'ai cru pouvoir lui prendre un peu plus qu'à un autre.

— Un peu plus, le voler du quadruple !

— Le commerce, seigneur.

— Va-t'en, chien, fit le sprasnick en levant sur Lazaroff une cravache qui était à sa portée.

L'autre ne se le fit pas dire deux fois; en moins d'une seconde il était dehors.

Meyer appela de nouveau son Cosak, et donna l'ordre de se saisir de Lazaroff avant son départ pour Kiesy et de lui appliquer quarante coups de bâton.

Je crus de mon devoir d'intercéder pour ce misérable.

— Ne pourrait-on plutôt, dis-je, lui faire rendre l'argent qu'il m'a volé? Je vous prierais d'en faire la distribution à vos pauvres.

— Ceci est la seule chose à laquelle personne ne parviendrait jamais; j'en défierais l'empereur lui-même, fit Meyer en riant; une minute après que vous aviez donné votre argent à ce drôle, comme il le considérait mal acquis, il l'avait déjà caché dans quelque endroit où le diable ne saurait le trouver; quant à révéler sa cachette, il recevrait plutôt cent mille coups de bâton! Laissez-moi faire, cette correction sera d'un effet salutaire; si je ne sévissais pas, mon village serait changé demain en repaire de brigands, et je ne m'appellerais plus Meyer, mais bien Fra-Diavolo.

Je me tus.

Le soir, je rencontrai Lazaroff; il avait les traits légèrement fatigués, mais voilà tout. D'aussi loin qu'il me vit, il m'adressa le plus charmant de ses sourires. Décidément, au milieu de tous ses vices, cet homme avait encore une qualité inestimable, il n'était pas rancunier.

Un matin je vis entrer Meyer.

— Dites-moi, fit-il, je vais rendre visite à mes moujiks; voulez-vous m'accompagner?

— Certainement, répondis-je, joyeux de pouvoir pour un moment secouer la monotonie de mon existence à Michaelowski.

En un instant je fus prêt à accompagner mon hôte.

— C'est une tournée que je fais généralement toutes les semaines; je vais voir mes administrés, je cherche à connaître leurs besoins, et je tâche à les satisfaire; malheureusement, je ne suis que fort peu de chose.

Tout en causant, nous étions arrivés devant une maison d'une certaine apparence. Meyer frappa contre une porte de bois qui donnait accès dans une cour ; la porte s'ouvrit, un homme d'une haute stature parut.

— C'est le sprasnick ! s'écria-t-il avec joie, et en même temps nous fûmes introduits dans une chambre située au rez-de-chaussée.

— Bonjour, Iwan ; bonjour, Michael ; bonjour, Rebecca, fit Meyer en entrant et en répondant aux mille démonstrations d'amitié qui lui étaient faites de toutes parts. Eh bien, mes enfants, fit-il, êtes-vous contents ?

— Oui, *Bari*, très-contents, répliqua celui qui nous avait ouvert et qui semblait être le chef de la communauté.

— Il ne vous manque rien alors ?

L'un des hommes présents prit la parole :

— Si nous pouvions seulement avoir une charrue, je connais un champ qui sera bientôt défriché. Et en même temps il désignait du doigt un point à l'horizon.

C'était un grand beau garçon de vingt-cinq ans ; à côté de lui se tenait sa femme, tenant d'une main un enfant qui cherchait à s'emparer des jambes de mon ami, et sur le bras portant un autre baby qui cherchait la mamelle.

— Tu n'es pas dégoûté ! fit le sprasnick après avoir suivi de l'œil le mouvement du jeune homme, c'est la meilleure terre du pays. J'écrirai demain au gouvernement, et, si cela est possible, tes vœux seront comblés.

Pendant ce temps, le chef de la famille avait apporté sur un plateau une bouteille entourée de quelques petits verres, et chacun se mit en devoir de déguster la liqueur qui nous était offerte.

Meyer y fit largement honneur; je remarquai même que ses yeux exprimaient une indicible joie en portant le verre à ses lèvres. Nous causâmes encore quelque temps avec cette famille de moujiks, puis, la bouteille *vidée*, nous partîmes.

— Vous voyez ces gens? fit Meyer quand nous fûmes dehors, ce sont mes plus riches paysans; il y a bientôt dix ans qu'ils sont ici. Le père, originaire du district de Kiew, a été dirigé sur les provinces de l'Amoor pour avoir assassiné sa femme et son beau-père, afin de rester seul possesseur d'un petit bien; c'était le fléau de son village; on l'appelait *le boucher*, tellement il aimait le sang. Condamné à la déportation, il arriva ici avec ses trois garçons; vous n'en avez vu qu'un : les autres sont à la chasse. Eh bien! depuis que j'administre ce pays, je n'ai jamais eu un seul reproche à lui adresser; inutile de vous dire que ses fils, dont le plus jeune a vingt ans maintenant, sont les plus honnêtes travailleurs de la terre.

— Celui qui vous a demandé une charrue tout à l'heure est un de ses enfants?

— Oui, répondit Meyer, et c'est moi qui l'ai marié avec la fille d'une veuve qui avait empoisonné son père dans un moment de fureur.

— Mais vous m'effrayez! m'écriai-je; je ne vois autour de moi qu'assassins, empoisonneurs, voleurs, pillards et contrebandiers; votre pays donne réellement le frisson, sans jeu de mots.

— Eh bien, rassurez-vous; le travail qui a le bien-être pour résultat est le meilleur moyen de moralisation sociale. Ces gens sont roués de coups par des seigneurs intelligents; leur travail ne leur profite en rien, et alors ils se dépravent. Ici, comme dans tous les villages de déportés, ils ont un sol à créer, une richesse à conquérir, on leur en laisse une part. Cette propriété crée la famille; la famille les rend honnêtes. Ces hommes, si dangereux en Europe, forment ici souche de bons citoyens, et croyez que je ne suis que pour fort peu de chose dans ce résultat : ce qui se passe chez moi se passe dans toute la Sibérie orientale.

Nous entrâmes chez un petit marchand; sa boutique regorgeait de toute espèce de choses utiles à la vie.

— Bonjour, Hepstein, fit Meyer en entrant.

— Bonjour, fit l'autre, un grand individu rouge comme le sang, qu'il avait probablement versé jadis à profusion.

— Monsieur arrive de Paris, fit Meyer en me désignant au regard interrogateur de celui chez lequel nous étions.

— Paris, je devrais y être si le ciel était juste, au lieu de végéter honteusement à faire un métier de juif sur cette terre ingrate, répondit-il avec un geste de fureur concentrée.

— Du calme, père la Fureur, dit Meyer en souriant.

— Vous êtes un philosophe, vous, Meyer; vous vous êtes soumis à la loi qui vous force à rester dans ce pays : moi, je suis de la race des loups, si vous êtes de celle des agneaux.

Ces paroles avaient fait plisser légèrement le front de Meyer. Je m'en aperçus. Évidemment cet homme devait avoir un mystère dans son existence; mais aussitôt, comme s'il eût voulu chasser cette idée de son esprit :

— Allons, fit-il, donne-nous une goutte de watki, et nous te laissons à ta sauvagerie.

Le grand homme rouge apporta ce qu'on lui demandait, et une seconde fois la bouteille fut laissée vide.

— Singulier homme! fit Meyer en sortant, le visage un peu enluminé, la langue un peu épaisse.

— Combien a-t-il tué de gens, celui-ci? fis-je en riant.

— Aucun.

— Comment! vous vous moquez de moi.

— Point du tout; son histoire est assez curieuse : c'est un Courlandais, officier dans un régiment d'artillerie; on a saisi sur lui un jour une lettre politique signée Hertzen, et une autre adressée au rédacteur de *la Cloche* : il n'en a pas fallu davantage. Le lendemain, il partait sans qu'il connût le lieu de sa destination; il fut interné à Petropolowska, et traité comme condamné politique, c'est-à-dire beaucoup plus durement qu'un criminel : c'est la règle. Ne vous étonnez pas si je parle avec tant de liberté; la Sibérie est le pays le plus libre de la Russie. A Saint-Pétersbourg, j'aurais dit le quart de ce que je viens de vous raconter qu'on m'aurait déjà expédié dans un lieu de déportation. — Mais je reviens à mon individu. A Petropolowska, il fut obligé de travailler pour vivre; il entra chez un marchand de sel marin en qualité de commis; cependant il était dévoré d'un seul désir, celui de revenir en Europe. Comment? peu lui importait; les moyens? par où? encore une chose qui le préoccupait médiocrement. Un jour, un baleinier américain relâcha à Petropolowska; ce baleinier avait besoin de renouveler sa provision de sel, ayant l'intention de pêcher du harang sur les côtes kamtshadales. Le capitaine fit envoyer à la boutique du marchand quinze barils vides pour les remplir : notre condamné fut chargé de ce soin. En un instant son plan fut fait. Le navire devait reprendre la mer le surlendemain. Il remplit les barils, sauf un seul dans lequel il se blottit avec quelques provisions, afin de pouvoir subsister quelques jours; il avait si bien combiné son affaire que personne, excepté lui, ne pouvait se douter du coup. Les matelots arrivèrent, les tonneaux furent roulés dans le canot, puis amenés à bord et descendus à fond de cale. Pendant quinze heures le nouveau Diogène resta dans son tonneau sans bouger. Au bout de ce temps et au moment où le capitaine allait donner l'ordre d'appareiller, un coup de canon indiqua l'ordre de ne pas laisser sortir le navire : un prisonnier avait disparu. Comme il n'y avait que le baleinier dans le port, les soupçons se portèrent naturellement de ce côté. Une perquisition fut faite : elle n'amena aucun résultat. Tout le monde était sincère à bord; le capitaine et les matelots juraient par tous les saints du paradis qu'on n'avait prêté la main à aucune évasion.

Les autorités russes, vaincues par l'évidence, allaient laisser partir le baleinier, lorsque l'officier chargé de faire la perquisition crut devoir en référer au gouverneur, et le navire resta sous la garde d'une escouade de Cosaks.

Dans cette occurrence, le gouverneur fit appeler le patron du prisonnier, et le questionna longuement. Cet homme déclara que le fugitif avait lui-même, et sans l'aide d'aucune personne, rempli les tonneaux de sel. Les soupçons se portèrent aussitôt sur ces barils; tout fut découvert, et le pauvre Hepstein, trouvé dans son étroit asile, fut repris et incarcéré à la prison de la ville, pour de là être dirigé vers Michaelowski, qui n'est point un port de mer, et d'où il est impossible de s'enfuir, quoi qu'on fasse.

— C'est un homme énergique; il est vraiment fâcheux qu'il n'ait pas réussi dans son projet; mais il y a un fait qui n'est pas bien clair pour moi.

— Lequel?

— Puisqu'il n'avait aucun complice, comment avait-il pu fermer le baril dans lequel il s'était inséré?

— Votre observation est juste; mais un prisonnier ne me l'aurait pas faite. Vous ne pouvez vous imaginer quelle ingéniosité se développe dans le cerveau de ces hommes qui veulent atteindre le but rêvé, c'est-à-dire leur liberté. — Les problèmes les plus ardus des mathématiques et de la mécanique leur deviennent familiers; les matériaux seuls manquent à ces gens, dont toutes les forces vives sont concentrées vers cette idée fixe, — s'en aller! — Toutes vos prisons perfectionnées, toutes vos cellules isolées, tous vos barreaux, vos lourdes portes si bien gardées, seraient de minces obstacles à ces hommes déterminés si pour leur venir en aide le moindre outil était à leur disposition. Malgré cela, on a vu des évasions incroyables. En ce qui concerne celle dont je vous parle, il avait rapidement établi un système de boulons à vis dans la surface intérieure du couvercle du tonneau. Par ce moyen, il l'avait clos plus solidement encore que les autres.

— Je comprends, et cela ne fait que confirmer mon regret; car, après tout, cet homme n'est pas coupable.

— Je ne vous dis pas le contraire! répondit mon compagnon; puis, changeant brusquement la conversation : — C'est ici la demeure de notre pope, dit-il; je veux vous présenter à lui; après cela vous connaîtrez tout ce qu'il y a à connaître dans notre petit pays.

Le presbytère était situé au bout du village; le pope était un tout jeune homme : il semblait être dans les meilleurs termes avec le sprasnick.

Pendant quelque temps, ils causèrent des habitants du village; puis, s'adressant à moi, il me demanda si je voulais accepter à souper chez lui.

Je crus devoir accepter cette invitation, et nous passâmes ensemble une délicieuse soirée; malheureusement des libations trop souvent renouvelées avaient un peu dérangé le cerveau du ministre de la religion, et minuit sonnait que le pope et le sprasnick, les deux autorités du village, dansaient, l'un en face de l'autre, une sarabande où la majesté du pouvoir temporel et spirituel était évidemment foulée aux pieds.

Je jugeai à propos de sonner la retraite, et j'en avertis Meyer. Nous prîmes congé de notre aimable hôte, et reprîmes le chemin de notre gîte. Dehors, Meyer reprit vite possession de lui-même, malgré l'abus qu'il avait fait des liqueurs fortes pendant toute cette journée : seulement il avait des dispositions plus grandes à l'expansion.

Nous étions déjà de vieux amis.

En rentrant chez lui, nous trouvâmes cinq paniers contenant des provisions de toutes sortes : c'étaient des cadeaux que lui faisaient ses administrés. En les ouvrant, nous trouvâmes une bouteille portant cette inscription : *Vieux cognac*. Sur cette bouteille était écrit mon nom : c'était un envoi à titre gracieux que me faisait le marchand courlandais.

— Voulez-vous que nous goûtions de ce produit de ma patrie? fis-je en montrant le flacon à mon hôte.

— Puisque nous sommes disposés à causer, — oui! ces occasions sont trop rares pour les négliger. Bientôt vous repartirez, vous continuerez vos pérégrinations, et vous oublierez le pauvre exilé. Vous êtes, je crois, le premier voyageur européen qui ait osé fouler cette terre inconnue ; je veux que vous en emportiez un bon souvenir. Je vous ai déjà fait connaître tout mon petit peuple, donnez-moi votre appréciation sur lui.

— Tous ces gens m'ont semblé très-heureux, fis-je ; dans tous les cas, vous comprenez que je ne puis juger que sur les apparences.

— C'est juste, me répondit Meyer en m'introduisant dans sa chambre : c'était la première fois que j'y pénétrais. Elle était aussi simple que celle que j'habitais ; la seule chose qu'il y eût en plus, c'était un guéridon sur lequel était disposé un cabaret en cristal, avec une bouteille contenant du watki, que je considérais maintenant comme le nerf de l'organisation russe.

Au mur étaient appendus trois tableaux, deux aquarelles des vues des bords de l'Amoor, et un grand tableau représentant une femme d'une beauté merveilleuse.

La peinture de ce tableau était irréprochable; j'en fus vivement frappé. Un grand peintre seul avait dû toucher cette toile. Malgré moi je fus directement attiré vers ce chef-d'œuvre égaré; machinalement je cherchais le nom du peintre. On comprendra que mon étonnement dut être grand, et surtout peu dissimulé, lorsqu'au bas de la toile je lus: *Meyer Jagoriagoritch*, 1851. Je me retournai curieusement vers mon hôte.

— Cela vous paraît étrange, n'est-ce pas? Eh bien! oui, c'est moi qui ai peint cette toile et bien d'autres encore. Vous connaissez déjà l'histoire de pas mal de gens d'ici; il n'y en a qu'une que vous ignoriez, c'est la mienne.

— Avant tout, cher maître, permettez-moi de vous complimenter! Quelle hardiesse de dessin! quel modelé! quel coloris, quelle touche et quel fini! J'étais vraiment embarrassé dans le choix des mots pour exprimer à cet homme étrange combien j'appréciais son talent.

— Ah! c'est qu'aussi j'ai peint avec amour ce portrait; c'est tout ce qui me reste d'elle, pauvre Lucile!...

Et en même temps il poussa un profond soupir et sa tête retomba sur sa poitrine.

J'avais malgré moi réveillé une grande douleur, je le

sentais, et, afin de ne pas rester indiscret spectateur de ces émotions, j'allais me retirer discrètement ; tout à coup il releva la tête.

— Tenez, fit-il, il n'y a encore que cela,— et tout en parlant ainsi il se versait un plein verre d'eau-de-vie qu'il but d'un trait :—si je n'avais pas cette consolation, depuis longtemps mon corps aurait été rejoindre le dragon noir du fleuve (1). Vous partez? continua-t-il en me voyant levé et prêt à gagner la porte.

— J'ai cru que vous étiez fatigué. Et, en effet, je me retirais.

— Moi, fatigué ? Heureux le jour où je le serai assez pour tomber dans l'éternel repos !

— Pourquoi, lui dis-je, m'avez-vous répondu si laconiquement tout à l'heure, lorsque vous me demandiez mon appréciation à l'égard de vos administrés ?

— Je n'ai pas fini ma pensée, car j'ai oublié de vous dire que le bonheur ne peut être où la patrie n'est pas! Tous ces hommes vous semblent heureux, moi-même je puis vous paraître comblé des bienfaits de la Providence, eh bien! tous nous sommes attachés au même chariot, tous nous rongeons le même frein, tous nous aspirons au même but ; je suis tout bonnement le premier parmi mes malheureux compagnons. Tenez, fit-il en continuant avec véhémence, écoutez une histoire comme il ne s'en passe que dans notre pays : c'est la mienne.

Cette fois j'étais tout oreilles : cet homme m'intéres-

---

(1) *Amoor* veut dire, en langue mantchoue, dragon noir.

sait au plus haut degré; je n'aurais jamais osé lui demander une semblable confession, mais, puisqu'il m'offrait de la faire, je me préparais à l'écouter religieusement.

Il se versa un nouveau verre de watki, et commença ainsi :

— En 1847, il y avait à Rome un jeune homme qui s'appelait Georges Meyer. A cette époque ce jeune homme avait vingt-quatre ans; c'était un gai compagnon, serviable, capable d'un dévouement sans borne pour un ami lorsque ce dévouement serait mis à l'épreuve. Ce jeune homme était peintre et passait pour avoir du talent; la Russie l'avait envoyé dans la ville éternelle pour y terminer ses études, et l'empereur Nicolas lui-même lui témoignait son affection par les cadeaux qu'il lui faisait chaque fois qu'il envoyait des toiles à Saint-Pétersbourg; vers ce temps, la révolution de 1848 éclata, et Georges Meyer fut rappelé à Saint-Pétersbourg ainsi que tous les Russes qui, à cette époque, étaient éparpillés sur la surface du globe; l'autocrate craignait qu'une parcelle de cette liberté qui embrasait le monde ne vînt à tomber sur un cerveau moscovite. Georges Meyer, par son esprit, par son talent, par son élégance, fut appelé au palais du czar; il y tint son rang, et grâce à de hautes protections, il fut bientôt un des artistes les plus aimés et les plus occupés de Pétersbourg. Sa qualité de Russe lui était très-favorable dans un pays où les arts sont plus particulièrement cultivés par les étrangers.

Or il advint qu'un jour, Gorges vit entrer dans son

atelier une jeune femme d'une beauté merveilleuse; cette femme était noble et alliée aux plus hautes familles de l'empire; la réputation de Georges était venue jusqu'à elle, et elle venait lui demander ses pinceaux pour reproduire son image. Peindre une jolie femme est toujours une merveilleuse aubaine pour un peintre; Georges accepta avec enthousiasme.

Le lendemain, on commença la première séance, mais plus on avançait dans le travail, plus Georges se sentait épris; au bout de quelque temps, le pauvre artiste était amoureux fou! Un jour, tout éperdu, il osa avouer son amour; la noble patricienne, blessée, se leva et partit sans répondre un mot aux paroles brûlantes, mais respectueuses, de l'artiste.

Le lendemain, il recevait une somme d'argent avec une lettre qui lui annonçait qu'il ne devait plus jamais revoir celle qui avait passé dans sa vie comme une illumination.

Une sombre nuit couvrit de ses voiles cet esprit jadis si gai et si ouvert.

Le tableau resta inachevé; Georges crut qu'il allait mourir; vingt fois il se présenta chez elle : jamais il ne put parvenir à l'aborder; un jour, il faillit se faire écraser par sa droïka au moment où elle se rendait aux courses sur la Newa. — Au moins, pensait-il, si je meurs, ce sera sous ses yeux. Le moujik qui conduisait sut arrêter les chevaux à temps; Georges fut renversé, mais il n'eut même pas une égratignure; il n'avait été que ridicule! Ce jour-là, il la vit cependant, et, s'il ne put lui parler, il remarqua quelque altération dans ses traits.

Tout était-il donc fini pour lui?

Artiste consommé, autrefois amoureux de l'art pour l'art, dévoué à son talent, à ses pinceaux, il sentait son imagination tarie. Vingt fois, depuis le jour fatal, il avait essayé d'oublier, et saisissant, avec fureur, palettes et pinceaux, il s'était mis bravement devant un toile immaculée avec le désir de retrouver dans le travail la tranquillité de son âme depuis si longtemps troublée.

Malgré lui ses yeux se reportaient vers la toile inachevée, et la nuit le surprenait hébété dans la même contemplation, cherchant à animer cette peinture comme Pygmalion avait animé sa statue. De nouveau il songea à mourir!

Par un caprice d'artiste, il voulut accomplir son suicide en face de celle qui en était cause; il disposa son tableau, en pleine lumière, de façon à le voir le plus longtemps possible, et, couché à terre, il attendit que les vapeurs dégagées par le charbon l'asphyxiassent, lorsque, tout à coup, on frappa à la porte de son appartement.

Déjà ses yeux ne voyaient plus, et ses oreilles tintaient les bourdonnements funèbres de la dernière heure.

Il chercha à se lever, il voulut ouvrir, il ne le put; cependant les coups résonnaient plus fort, et la porte vola bientôt en éclats. En face de lui le portrait s'animait, il le crut du moins; une femme s'approchait de lui; c'était elle, il en était sur : elle était sortie de son cadre; il avait eu raison d'invoquer la mort!

15.

Ce fut un des moments les plus heureux qu'il goûta.....

Bientôt cependant le grand air introduit brusquement dans la chambre dissipa les vapeurs carboniques, et Georges, en reprenant conscience de lui-même, se retrouva aux côtés de celle qu'il aimait si ardemment.

— Vous voulez mourir? fit-elle.

— Je vous aimais trop pour vivre, répondit-il.

Pour toute réponse, elle mit sa main dans la sienne; c'était un aveu.

Quelque temps après, tout Pétersbourg retentissait du brillant mariage qu'accomplissait Georges; on l'enviait, et il était vraiment enviable.

Dans les salons aristocratiques on ne l'avait pas revu depuis longtemps; on chuchotait bien un peu quand il entrait; mais il était si heureux qu'il n'eût pas senti le poids du ciel, si le ciel fût tombé sur ses épaules; tous ses efforts, toute son imagination, se résumaient dans une seule pensée : Lucile!

Il était éperdument amoureux, il se croyait aimé, que lui importait le reste?

Pendant six ans il fut heureux au delà de toute expression.

Dieu avait béni son union, un fils lui était né.

L'inspiration elle-même était revenue plus forte et plus vigoureuse que jamais; pendant six ans Georges vécut véritablement et comme homme et comme artiste.

Vers cette époque, la Russie tout entière éprouva une secousse qui produisit une émotion indicible de toute part; la guerre venait d'être déclarée; nous allions avoir à lutter contre les deux puissances les plus formidables du monde, la France et l'Angleterre.

Tout ce qui appartenait à l'armée devait rejoindre le corps auquel il était attaché.

Cette nouvelle surprit Georges dans une des propriétés de sa femme, où il avait été appelé par d'urgents intérêts. Cette circonstance le ramena inopinément chez lui, à Pétersbourg, où il n'était pas attendu.

Ce fut un jour fatal pour lui; il arrivait exténué, fatigué, car il avait accompli un très-grand trajet dans un temps relativement très-court; il pénétra dans sa demeure sans réveiller personne, il était tard; au moment d'entrer dans son appartement un bruit de voix l'arrêta.

Un homme était là; il parlait, et sa voix semblait émue; une autre voix lui répondait, et cette voix semblait partager cette émotion.

C'étaient des serments d'amour entrecoupés de baisers et de sanglots, et cette voix, c'était celle de Lucile.

Georges crut devenir fou; il le devint en effet. Il se précipita dans l'appartement de sa femme : aux pieds de Lucile était un homme vêtu du costume militaire de haut grade.

Georges était trahi : il aurait pu tuer le misérable, il aurait pu la tuer, elle aussi; il se contint, il se rappela qu'elle était la mère de son enfant.

Celui qui était chez lui n'essaya pas de nier; le crime était évident. Il se mit à la disposition de Georges; rendez-vous fut pris pour le lendemain matin. Le duel devait être implacable, un des deux combattants devait mourir; on convint du sabre, un seul témoin pour chacun d'eux suffisait.

Georges n'avait jamais vu son adversaire chez lui, il ne le connaissait que de nom.

La rencontre eut lieu le lendemain matin; Georges reçut une blessure à la tête, son adversaire fut tué.

Au moment où il rendit le dernier soupir, celui qui lui servait de témoin remit une lettre à Georges; ce dernier l'ouvrit immédiatement, le coup le plus cruel allait être le dernier.

Par cette lettre Georges apprenait que celle à laquelle il avait donné son nom avait été la maîtresse de l'homme qu'il venait de tuer; l'enfant qui était né quelque temps après son mariage n'était pas son enfant; le mariage n'avait été motivé que pour empêcher le déshonneur de retomber sur une famille puissante, celui qui venait de cesser de vivre n'ayant pu l'épouser, étant marié lui-même.

C'était une des infamies les plus cruellement ironiques.

Depuis six années il servait de plastron.

Il apprenait en même temps que ce rendez-vous où il était arrivé si inopinément devait être le dernier, le général devant rejoindre son corps déjà en marche pour la Crimée.

Georges, éperdu de douleur, erra tout le jour et toute la nuit; le lendemain la ville entière connaissait le scandale.

Lui, l'artiste, il allait devenir la risée de tous. Les

projets les plus sinistres roulaient dans son esprit; il allait les exécuter, il n'en eut pas le temps. Au jour, il fut arrêté par la police chez celui qui lui avait servi de témoin; on l'embarqua, le lendemain, sur un navire qui devait se rendre dans la mer d'Okotsk; au bout de six mois, il arrivait à l'Amoor avec le titre de spranisck.

Voilà sept ans que ces événements ont eu lieu. Georges n'existe plus, il s'est dévoué pour ceux auprès desquels il a été envoyé; il ne lui reste du passé que ce tableau représentant les traits de celle qu'il aime encore, qu'il aimera toujours !

A Saint-Pétersbourg, toute cette affaire avait été étouffée dès le principe. Lucile s'est retirée dans sa famille.

J'avais écouté ce récit avec un intérêt croissant. Quand mon hôte eut terminé, il resta plongé dans une profonde rêverie.

— Vous comprenez maintenant, ajouta-t-il, pourquoi je considère ceci comme mon seul ami? Et en même temps il me montrait la bouteille d'eau-de-vie presque vide. — Ça, c'est l'oubli, et j'en ai besoin!

Le lendemain, je retrouvai dans mon hôte l'homme des jours précédents; il semblait même ne pas se rappeler la conversation que nous avions eue ensemble la veille.

Il m'aborda en me disant que je pourrais continuer mon voyage quand je le jugerais convenable; des nouvelles reçues le matin même lui annonçaient que le fleuve était parfaitement gelé en aval et en amont.

Je me disposai donc à prendre congé de lui, et je le remerciai chaleureusement de son hospitalité.

Au moment de nous serrer la main, sans rien nous dire, une larme coula le long de mes joues; je n'osais le regarder, mais je fus certain à son étreinte énergique qu'il était aussi ému que moi-même en ce moment.

Le lendemain matin, au jour, je sautais sur mon traîneau, et quelques instants après je glissais sur le fleuve au trot de neuf chiens dirigés par un kayour Cosak.

Route de Nikolaewska.

CHAPITRE XVI

Nikolaewska. — Aspect général. — Le chinowik Chitrowo. — Voyage à l'Amoor. — Xabarofska. — Chasse aux rennes. — Les patins de deux mètres. — Blagaveshenski. — Les Chinois d'Aïgoon. — Prisonnier. — Je m'échappe. — Une fête chez les Toungouses. —Transactions entre les Toungouses et les Cosaks. — Le Cosak usurier. — Départ pour Irkutsk.

De Michaelowski à Nikolaewska la distance à parcourir est de cent verstes; malgré les quelques difficultés que nous eûmes encore à vaincre, en moins de vingt-quatre heures nous aperçûmes à l'horizon le panorama de la ville.

Nikolaewska est, comme toutes les villes qui sont sur les bords du fleuve, de création récente. Sa population n'excède pas dix mille habitants, y compris la garnison. Toutes les maisons sont bâties en bois.

Aussitôt arrivé, mon premier soin fut d'aller rendre

visite au gouverneur. On a dû remarquer que c'était toujours ma principale préoccupation en arrivant dans une ville; je trouvai son secrétaire, M. Chitrowo, qui pendant l'absence de son chef gérait les affaires.

J'expliquai à ce fonctionnaire que mon but était maintenant de poursuivre ma route jusqu'à Pétersbourg en remontant le fleuve, pour de là me rendre à Paris.

M. Chitrowo ne parla de rien moins que d'écrire préalablement à Irkutsk pour demander s'il était possible de me laisser faire le voyage que je me proposais.

C'étaient trois mois d'attente avant que la réponse arrivât, et elle pouvait être négative.

Ceci ressemblait tout à fait à un internement; j'objectai au secrétaire que mon désir était d'être utile à la colonie, puisque j'y étais envoyé pour tâcher d'y établir des relations commerciales avec l'Europe et surtout avec mon pays, mais tous les raisonnements ne pouvaient fléchir son opposition formelle.

— Trouvez un compagnon russe, me dit-il enfin, qui consente à faire le voyage avec vous, et nous vous laisserons partir.

C'était une issue.

Je me mis en quête, et bientôt je découvris un pauvre officier de marine, asthmatique, auquel les médecins recommandaient un climat plus doux. Malgré la perspective d'être peut-être converti en garde-malade pendant près de deux mois, je n'hésitai pas.

Mon compagnon reçut du gouvernement un passeport de la couronne, qui nous permettait d'obtenir des chevaux aux stations, plus une somme d'argent assez importante pour payer les guides en route, et il fut convenu que je partagerais les frais, par moitié, avec lui.

Ceci arrêté, il fallut acheter un traîneau et nous procurer quelques conserves alimentaires pour la route, notre première traite devant être de huit cents verstes au moins.

Nous résolûmes de voyager nuit et jour jusqu'à Irkutsk, où nous comptions prendre un peu de repos.

Ce jeune officier de marine était un Finnois qui était venu chercher un avancement plus rapide sur les bords la mer d'Okotsk, et qui n'y avait rencontré que l'ennui et la maladie. Naturellement il revenait dans ses foyers profondément dégoûté des pérégrinations de ce genre.

Chétif, affaibli, sans force pour supporter ce voyage affreusement difficile, je craignis cent fois de le perdre et de le laisser en route malgré toute l'énergie qu'il déployait ; j'avais fait là une assez mauvaise trouvaille, je le reconnus assez vite ; mais on s'attache davantage aux gens en raison de ce qu'ils vous coûtent.

Cependant notre traîneau glissait rapidement sur le fleuve ; nous faisions en moyenne quatre à cinq verstes à l'heure. Cela peut paraître très-peu de chose, comparé à la vitesse des chevaux sur les grandes routes d'Europe, mais sur les bords de l'Amoor cette vélocité est très-appréciable.

Après avoir sucessivement dépassé les villages de Sophisca, Marienski et autres, nous arrivâmes à Xabarofska, le premier point important sur les bords du fleuve.

Sauf les ennuis inhérents à une route mal organisée, cette partie de notre voyage ne présenta aucun incident digne d'être relaté. Nous avions accompli ce trajet en trois semaines.

A Xabarofska nous prîmes trois jours pour réparer notre traîneau un peu endommagé, et faire de nouvelles provisions qui devaient nous durer jusqu'à Blagaveshenski.

En ma qualité d'étranger, je reçus la visite d'un indigène qui vint me demander si je voulais assister à une chasse au cerf; il me proposait de nous faire manger de l'élan, du cerf et du daim pendant toute notre route. J'acceptai de grand cœur et je me disposai à prendre mon fusil; il me fit signe que mon arme était inutile, et il me donna un gros bâton en me disant : « Cela vaut mieux. »

Je me laissai faire, mais je ne comprenais pas grand'-chose au manége de ce Nemrod primitif.

Une fois dans la campagne, il nous fut presque impossible de marcher : la neige fléchissait sous nos pas, et nous y entrions jusqu'aux genoux. Il arrêta un petit traîneau tiré par trois chiens, et sortit deux paires de patins de deux mètres de long sur une largeur de dix centimètres; il m'indiqua le moyen de les chausser; à l'aide de courroies je les fixai autour de mes pieds, et ainsi équipé je m'aperçus que la neige, presque fondue, me supportait juste aussi bien que si le terrain eût été solide; la longueur de cette chaussure, s'appuyant régulièrement sur un développement de deux mètres, produisait cette force de résistance dont j'allais connaître toute l'importance dans un instant.

Les chiens avaient été laissés à l'entrée du village.

Un indigène, connaissant parfaitement les fourrés où s'abritaient généralement les élans, les cerfs et les rennes sauvages, nous dirigeait; bientôt il me montra un point à l'horizon.

J'aperçus un élan : je crus qu'à notre approche il allait s'enfuir; quel ne fut pas mon étonnement lorsque je le vis ne pas plus bouger que s'il avait été de pierre ! Un instant je le crus gelé.

Arrivé à sa portée, je compris ce qui causait mon étonnement : l'animal était enlisé, c'est-à-dire que ses pieds ayant pénétré profondément dans la neige, il lui était impossible de faire un seul mouvement.

Nous, au contraire, montés sur nos patins, nous exécutions toutes les évolutions qu'il nous plaisait avec une extrême facilité.

Évidemment, dans une telle chasse le fusil est inutile; c'est un guet-apens, un assassinat; l'indigène tua la pauvre bête à coups de bâton.

Le lendemain matin nous repartions en emportant la moitié de l'élan et des provisions en suffisante quantité. En vingt jours nous devions arriver à Blagaveshenski.

Blagaveshenski est la seconde ville importante située sur l'Amoor; quand nous y entrâmes, il faisait un froid intense, le thermomètre était tombé à trente degrés au-dessous de zéro.

L'arrivée d'un voyageur est toujours un événement dans ces pays peu parcourus; aussi à peine fûmes-nous entrés dans la ville, que nous étions entourés et questionnés par tout le monde à la fois.

Deux officiers d'artillerie nous offrirent en même temps le gîte et la table ; je laissai mon compagnon choisir entre les deux, et nous nous rendîmes chez celui qu'il semblait connaître plus particulièrement.

Mon compagnon était brisé, et le repos lui était bien nécessaire.

Au bout de quatre jours la monotonie de l'existence *blagaveshesquienne* commença à me peser, et, n'osant trop presser mon pauvre malade, je songeais à continuer ma route tout seul.

En face de Blagaveshenski se profile une ville chinoise qui me tentait constamment par son aspect panoramique. Je pris la détermination de m'y rendre, négligeant les observations que l'on me fit sur le caractère peu traitable des habitants.

Je passai outre.

C'est de l'autre côté de l'Amoor que se trouve Aïgoon, ville chinoise de vingt mille âmes à peu près.

Il était environ sept heures du soir quand j'y arrivai ; la nuit tombait, et la population encombrait les rues. J'étais venu en traîneau, un tout petit fourgon me suivait :

A peine étais-je entré, que je fus arrêté par une vingtaine de Chinois qui, avec une obséquiosité dont j'aurais dû me défier, se disputaient l'honneur de m'avoir pour hôte ; longtemps je résistai, leur assurant que mon logis était arrêté d'avance, quoique cela ne fût pas la vérité. Ils ne voulurent rien entendre, et je dus céder à ces obsessions.

Je me rendis donc dans la demeure de l'un d'eux, qui m'introduisit dans une chambre de sa maison.

Cette chambre était située au premier étage et très-basse de plafond. Ma surprise fut grande lorsqu'à peine entré je vis mon hôte se retirer et la porte se fermer à double tour derrière lui.

L'inquiétude commença à me gagner. Pourquoi cette hospitalité étrange qui consiste à enfermer les gens à double clef? Je me rappelai alors tout ce qu'on m'avait dit à Blagaveshenski sur les *Aïgoonois*, et je devins inquiet sur les suites de mon escapade; je fis une inspection scrupuleuse de l'endroit où j'étais enfermé; les précautions étaient bien prises : la chambre n'avait d'autre issue que la porte qu'on venait de verrouiller et une fenêtre placée à six pieds au-dessus du sol.

J'étais donc prisonnier; j'examinai mon révolver, et m'apprêtai à défendre chèrement ma vie.

En ce moment je ressemblais assez à une bête féroce tournant dans une cage; je me promenais depuis plus d'une heure de la fenêtre à la porte et de la porte à la fenêtre, me demandant quand et comment finirait cette comédie, qui menaçait de tourner au drame.

Tout à coup, du côté de la fenêtre, j'entendis un bruit comme celui que ferait le sabot d'un cheval piaffant sur le pavé.

Je courus vers cette fenêtre et l'ouvris avec une excessive précaution pour n'éveiller aucun soupçon. Il y avait tout au bas, comme si une âme charitable l'avait amené là pour me sauver, un petit alezan tartare attaché avec une corde reliant les pieds de devant au col. Je n'hésitai pas, je sautai par cette fenêtre, je coupai avec mon couteau les entraves de la bête, et je l'enfourchai après lui avoir passé la corde autour des naseaux, à la façon des Cosaks.

Entre Aïgoon et Blagaveshenski l'Amoor a huit kilomètres de large : je franchis cette distance en une heure un quart environ. Le gouverneur de Blagaveshenski, à qui je racontai mon aventure, me donna un Cosak, et, remontant sur mon cheval, je revins à Aïgoon. Ma fuite avait été si prompte qu'on ne s'était pas encore aperçu de ma disparition ; on croyait sans doute que je dormais, et l'on attendait le milieu de la nuit pour me voler, m'assassiner peut-être.

L'apparition que je fis avec ce Cosak ne laissa pas que de les surprendre. Ils ne firent aucune résistance et me rendirent mon traîneau et mon fourgon.

Je repartis immédiatement, et, ne voulant pas m'exposer sur l'Amoor pendant la nuit, je m'arrêtai, vers deux heures du matin, dans un village de Manneguyrs. Du reste, je n'aurais pu rentrer, la nuit, à Blagaveshenski ; il faisait un temps horrible. Impossible de faire un pas en avant ; le chasse-neige s'était déchaîné avec une fureur dont je n'avais eu aucun exemple jusqu'à présent ; le Cosak qui était avec moi refusait complétement de traverser la rivière. Il fallut donc se résoudre à frapper à la première maison que nous rencontrâmes.

Nous heurtâmes violemment à une misérable hutte ; voyant qu'il était impossible d'obtenir une réponse, nous enfonçâmes la porte, qui, du reste, tenait peu. Le spectacle qui s'offrit alors à nos yeux était vraiment bizarre. Dans un coin de la hutte, un vieillard était endormi et ne bougeait pas plus que s'il était mort ; à côté de lui un jeune homme, son fils sans doute, puis deux femmes, jeunes encore. Tout ce monde était profondément assoupi. Comment se fait-il que le bruit que nous fîmes ne les ait pas réveillés ? voilà ce que je m'expliquais difficilement. Sans plus faire attention à nos hôtes, je m'installai le mieux que je pus, et, puisque les propriétaires de la hutte ne daignaient pas se réveiller pour nous recevoir, je ne me dérangeai pas plus que si j'étais chez moi. Je ravivai le feu, qui n'était pas complètement éteint, et, à la lueur du foyer, j'allumai un restant de résine que je trouvai dans un coin de la chambre. Tout à coup, pendant que j'avais le dos tourné et que je m'occupais de m'installer pour passer le plus commodément possible le restant de la nuit, j'entendis derrière moi une avalanche de paroles dont je ne compris pas le premier mot : tous ces gens s'étaient réveillés à la fois, et tous à la fois ils me maudissaient ; c'était à qui crierait le plus, c'était à qui jurerait le plus ! Comment faire entendre raison à ces forcenés ? voilà où était la difficulté ; je pris un parti héroïque, celui de ne pas le tenter, et, saisissant mon révolver que j'armai en faisant claquer le chien à dessein, je m'assis en face d'eux et j'attendis.

Mon argument dut être bien puissant, car au bout de quelques minutes les voix s'apaisèrent ; tout cela s'était produit comme par enchantement.

Je cherchai cependant à me faire des amis de ces gens,

je leur offris différentes choses : du tabac, de l'argent, du thé, ils me refusèrent constamment. Ce refus ne laissait pas que de m'inquiéter un peu ; aussi la nuit fut mauvaise, je ne dormis que d'un œil, et encore je ne suis pas bien sûr que cet œil se soit fermé cette nuit-là.

Je restai deux jours chez ces gens, le temps ne nous permettant pas de partir.

On nous croyait positivement perdus à Blagaveshenski ; et, lorsque j'arrivai accompagné de mon Cosak et de mon bagage, il était question d'envoyer un officier et quelques soldats pour me rechercher.

Je racontai brièvement mon aventure et son issue.

Je songeai alors sérieusement à mon départ, mais mon compagnon était au plus mal : il lui était devenu impossible de continuer le voyage ; je dus l'abandonner, et, muni d'une *poderochne* (passe-port), que le gouverneur me donna, je continuai ma route tout seul vers Saint-Pétersbourg, en passant successivement devant Kumarki, Albazine, Ousl-Strelka, Garbitza, Strelka, Stretenski, Nertshimsk, Chitta, Vershnouidinski, etc. Tous ces villages sont situés sur les bords du fleuve. Je ne m'y arrêtai que le temps strictement nécessaire au repos et je n'y remarquai rien qui vaille la peine d'être signalé.

Le 14 mars 1860, j'arrivai à Irkutsk. A partir de cet instant je pus considérer ce voyage vertigineux comme accompli ; néanmoins, je ne prendrai pas congé de mes lecteurs sans jeter un coup d'œil rétrospectif sur les provinces de l'Amoor.

J'y étais venu dans le but d'étudier les ressources de ce pays neuf et merveilleux ; il me reste à donner le résultat de mes impressions.

Bien peu parmi mes compatriotes savent quel riche avenir est réservé à ces contrées, et je crois utile de consacrer un chapitre tout entier à une étude historique, politique et commerciale des provinces de l'Amoor.

CHAPITRE XVII

Coup d'œil historique, politique et commercial sur les provinces de l'Amoor. — Le comte Mourawieff Amoorski. — La compagnie Américo-Russe. — Du détroit de Corée à la Manche de Tartarie. — La navigation de l'Amoor. — Les martres. — Les loutres marines. — Les renards bleus. — Les thés. — Avenir du commerce des thés. — L'Ossouri. — Les mines d'or. — Les mines d'argent. — Les mines de plomb. — Les mines de houille. — Les coolies chinois. — Le Zoungari. — Navigation de ce fleuve. — Le commerce européen dans la Russie asiatique. — Les armateurs français.

Plusieurs journaux annonçaient, il y a quelques mois, que le gouvernement devait envoyer des jeunes gens, désignés par les chambres de commerce, dans les ports nouvellement ouverts, suivant les derniers traités qui viennent d'être signés entre la Chine et le Japon.

Ces jeunes gens seraient transportés sur les navires de l'État, séjourneraient un certain temps dans les différents comptoirs, puis reviendraient munis de renseignements commerciaux qu'ils soumettraient aux chambres de commerce par lesquelles ils auraient été délégués.

Nous croyons que ce projet ne peut donner que d'excellents résultats. De cette façon, l'industrie française pénétrera jusque dans les endroits les plus reculés du globe.

De son côté, le gouvernement russe vient de s'assurer la possession définitive des provinces de l'Amoor, à la suite du traité signé, lors de l'occupation de Pékin par les troupes françaises et anglaises. Depuis quatre ans la Russie n'avait sur ces contrées qu'un droit contesté, qu'une domination provisoire, car les Chinois avaient toujours refusé de signer des conventions définitives. Les derniers événements ont précipité cette conclusion qui menaçait de se faire attendre bien longtemps encore, car on connaît la lenteur de la cour de l'Empire du Milieu.

Voici les délimitations exactes de ces provinces, telles qu'elles ont été relevées, en 1860, par des officiers d'état-major, délégués par le ministère de la marine, à Saint-Pétersbourg.

Elles s'étendent depuis 159° jusqu'à 139° longitude Est, et du 42° jusqu'au 55° latitude Nord. Elles sont bornées au Nord par le Kamtschatka, dont elles sont séparées par les montagnes Yablonoï ; au Sud, par la Mantchourie chinoise, l'Oussouri et l'Amoor, ces deux rivières servant de frontières ; à l'Est, par la mer du Japon, la Manche de Tartarie ou de Tarakaï, et une petite partie de la mer d'Okotsk ; à l'Ouest, par les provinces de Zabaïkal.

La Russie a partagé ces contrées en deux départements : *la première province maritime*, et *la province de l'Amoor ;* toutes deux relevant directement de la Sibérie orientale, dont la capitale est Irkutsk. Ce gouvernement, l'un des plus considérables de la Russie d'Asie, s'étend au delà du détroit de Behring et comprend tout le nord de la Russie septentrionale, en comptant le Kamtschatka.

Nous ne voulons nous occuper ici que des provinces récemment annexées à la Russie.

C'est de Nertschimsk qu'est partie la première expédition qui avait mission de reconquérir toute cette portion de la Chine, qui déjà une fois avait appartenu à la Russie, et qu'elle avait perdue vers 1680.

En 1849, le général Mourawieff étant gouverneur général de la Sibérie orientale, une expédition composée de Cosaks du Zabaïkal, auxquels on avait joint quelques régiments de la garnison d'Irkutsk, le tout formant environ cinq mille hommes, fut chargée de cette conquête. Ils guerroyèrent pendant trois ans et finirent par occuper les provinces dont nous venons de parler.

Cette expédition, pour laquelle le gouvernement de Nicolas ne dépensa absolument rien, puisque dès le début l'empereur avait refusé toute assistance au général Mourawieff, réussit à merveille. L'étendue de l'empire chinois doit être regardée comme la cause première de cet étonnant succès. En effet, il était difficile au gouvernement de Pékin de défendre ces provinces éloignées, occupé surtout qu'il était par l'insurrection des Taïpings, qui commençait à s'étendre jusqu'au cœur de l'empire, et qu'il ne pourra détruire, d'ici longtemps du moins.

Les avantages que la Russie recueillit de cette conquête sont les suivants : une délimitation exacte de ses frontières, un fleuve parfaitement navigable dans tout son parcours, et, sauf durant quelques mauvais jours, permettant de voyager facilement l'hiver comme l'été; enfin des provinces d'une richesse incontestable.

Après ce coup de main hardi, le général Mourawieff fut créé comte Amoorski.

Là ne devait pas s'arrêter l'ardeur de cet homme, dont le talent touche au génie. Une fois certain de la possession de ce nouveau territoire, il fallut songer à lui donner une population, il fallut surtout songer à y établir la prépondérance de l'élément russe.

L'organisation du pays conquis fut de tous points semblable à celle des provinces russes dont il était entouré.

Les conquérants s'installèrent; les Cosacks du Zabaïkal formèrent le noyau des Cosacks de l'Amoor. Chaque soldat obtint un morceau de terre qu'il put labourer. On créa des villages avec une rapidité extrême. Dans l'espace de deux ans, tous les bords de l'Ossouri furent, à des distances de 20 kilomètres au plus, parsemés de groupes de maisons construites en bois et semblables en tout à celles que l'on rencontre dans l'intérieur de la Russie. La population civile s'improvisa de même. Aux conquérants installés déjà s'ajoutèrent les condamnés politiques et autres, que l'on dirigea de préférence vers ces villages de formation récente. Chaque émigré ou transporté reçut une portion de terre nécessaire pour pourvoir à sa subsistance. Le gouvernement donna les instruments utiles à chaque colon. Au bout d'un espace de temps relativement restreint, le pays était presque complétement civilisé. A la place où deux années auparavant il n'y avait qu'une lande inculte, on trouvait un village; dans le village on pouvait se procurer tout ce qui est indispensable aux hommes réunis en société. Les indigènes comprirent bientôt tout l'avantage qu'ils pouvaient recueillir de la protection du gouvernement russe.

Du côté de la mer, les avantages furent bien plus grands encore.

Le gouvernement entretenait une flotte à Pétropolowska; cette flotte était obligée de rester pendant la moitié de l'année complétement inactive, la mer d'Okotsk se congelant généralement depuis le mois d'octobre jusqu'au mois de mars.

La possession de la Mantchourie permit d'ouvrir successivement dix ports dans la mer du Japon, où les navires purent trouver un refuge assuré pendant les gros temps, si fréquents dans ces parages. La navigation devint possible jusqu'au mois de décembre, pour ne plus s'interrompre que durant deux mois seulement.

Outre cela, on créa un autre port qui, plus tard, devait remplacer complétement Pétropolowska. En effet, Nicolaoewska, dont la création ne remonte pas à plus de six années, est devenu l'arsenal de toute la flotte russe des mers du Japon.

Nous reviendrons tout à l'heure sur cette ville, la plus importante *de la province maritime* et de toutes les provinces de l'Amoor.

On comprend le magnifique cadeau que le comte Amoorski venait de faire à sa patrie.

Cette nouvelle situation, qui d'un seul coup donnait une valeur inattendue et réelle aux provinces parfaitement oubliées du Kamtschatka et de la Russie septentrionale, finit par émouvoir le gouvernement de Saint-Pétersbourg; il songea que peut-être les provinces nouvelles pourraient devenir la clef d'un commerce immense entre la Chine, le Japon et la Russie d'Europe. Des avantages furent faits à ceux qui voulurent s'expatrier; on accueillit les étrangers avec transport; bref, une législation nouvelle fut inaugurée. C'est cette situation, au point de vue de la Russie et des relations que nous pourrions établir dans ces contrées que nous allons examiner.

La population russe des provinces de l'Amoor peut être évaluée aujourd'hui à 300,000 individus. La population indigène est de 1,800,000 âmes, composées de peuplades diverses. Successivement on rencontre sur les bords du fleuve, dont le parcours total est de près de 2,500 kilomètres, les Gillacks, les Golds, les Mantchoux, les Zoungars, etc., etc.

Au premier abord, cette population semble restreinte; cependant, depuis quatre ans elle a donné lieu au mouvement industriel suivant : l'année 1859 accuse quatre navires de commerce entrés dans le port de

Nikolaewska; l'année 1860 en accuse sept, formant à peu près 3,000 tonnes de marchandises.

Ces navires étaient pour la plupart américains; deux seulement étaient partis du port de Hambourg.

L'exploitation commerciale fut d'abord faite absolument par la compagnie américo-russe, qui en avait obtenu le privilége; mais on s'aperçut que cette compagnie ne pouvait subvenir aux besoins complets de ce pays nouveau. Une seconde société se forma, la compagnie de l'Amoor; cette société, créée avec un capital imposant, par suite d'une gestion déplorable, ne satisfit pas plus que la première, et le gouvernement jugea dès lors qu'il fallait donner toute liberté aux transactions.

Chacun fut donc admis à trafiquer librement dans le port de Nikolaewska, et bientôt les Américains, ces hardis négociants, s'emparèrent presque complétement du commerce, que le gouvernement russe avait d'abord voulu réserver à ses nationaux.

Les Américains furent donc les premiers qui comprirent toute l'importance commerciale de ces riches provinces. L'un d'eux proposa même un plan gigantesque au gouvernement russe. Il ne s'agissait rien moins que de relier la mer du Japon à la Baltique par un chemin de fer : il proposait d'établir une ligne sur tout le parcours de l'Amoor; cette voie ferrée devait se relier à la grande ligne projetée partant de Moscou et se dirigeant vers la Sibérie. Comme dédommagement, il demandait sur les bords du fleuve une concession de terrains assez grande pour y amener une large émigration qui serait restée sous la législation américaine.

Cette condition effraya le gouvernement russe, qui refusa.

Si la Russie eût accepté, nul doute qu'à l'heure où nous sommes la grande question du télégraphe, qui doit complétement relier les deux hémisphères, serait résolue; bien certainement aussi la Mantchourie russe serait à présent l'une des provinces les plus riches de tout l'empire. Le gouvernement du czar en a décidé autrement; cependant cette offre et les progrès rapides de la colonie firent comprendre toute l'importance du pays nouveau, et devant l'impossibilité où se trouvait le gouvernement russe d'agir de ses propres forces, on admit, ainsi que nous l'avons déjà dit, tous les étrangers aux mêmes droits que les nationaux en leur laissant la protection de leurs pavillons. Cette mesure fut prise bien avant qu'elle fût décidée dans la Russie d'Europe; à cette époque, un trafiquant devait, avant toute chose, être naturalisé Russe; aujourd'hui cette condition a complétement disparu; et chacun peut librement commercer dans toute l'étendue du territoire.

En quittant le port de Shang-haï et en remontant vers le nord-ouest, après avoir traversé le détroit de Corée, et dépassé successivement les îles de Kioussou, de Niphon et de Yesso appartenant au Japon, et formant à elles trois la totalité de l'empire japonais, l'on entre dans le Leman ou Manche de Tartarie ou de Tarakaï.

La Manche de Tartarie est un bras de mer resserré entre l'île de Seghalien et la côte de Corée. Les navires qui viennent de France en destination directe pour

Nikolaewska peuvent relâcher à Hong-kong ou à Shang-haï, et remonter directement à l'embouchure de l'Amoor ; ceux qui viennent directement des États-Unis relâchent directement à Hakodade, capitale de l'île de Yesso. Pendant la mousson de nord-ouest, qui dure assez régulièrement jusqu'au mois de septembre, on peut aller directement de Shang-haï jusqu'à Nikolaewska dans l'espace de quinze jours. De Hong-kong il faut calculer cinq jours en plus, et d'Hakodade le trajet peut se faire régulièrement en neuf jours.

A partir de la moitié de septembre, les navires chargés pour l'Amoor risquent de rencontrer dans la Manche de Tartarie des glaçons flottants dont il est impossible de se préserver.

Pendant les premières années de cette exploration nouvelle, des sinistres se sont succédé rapidement; mais, il faut l'avouer, tous ont été causés par l'imprudence ou l'inexpérience des capitaines; en outre, la Manche de Tartarie, dont la navigation est très-dangereuse, n'avait pas été relevée comme elle l'est maintenant; les sinistres sont devenus beaucoup plus rares, et nous croyons qu'avec des précautions bien simples on peut les éviter complétement.

Broughton et Krusenstern explorèrent jadis ces mers dangereuses dont on n'avait que des cartes très-incomplètes; aussi n'est-il pas étonnant qu'avec ces cartes incomplètes, sur les dix navires entrés dans le port de Nikolaewska en 1860, trois se soient perdus. L'année suivante les compagnies d'assurances devinrent naturellement très-craintives ; de là le taux exorbitant de la prime pour les ports de la Manche de Tartarie.

Voici à peu près les faits dont tout armateur doit bien se convaincre s'il veut charger pour l'Amoor. En suivant scrupuleusement la marche que je vais indiquer, sauf les accidents de mer qu'il est impossible de prévoir, la Manche de Tartarie n'est pas plus redoutable qu'une autre mer.

Tout navire à voiles quittant un des ports de l'Europe et voyageant par la voie du Cap doit partir du 15 décembre au 1er avril; le départ du mois d'avril est déjà chanceux. Le trajet peut s'opérer en cinq mois à peu près. Ainsi un navire parti en décembre arrivera selon toute probabilité vers le mois d'avril, époque où la navigation commence à s'ouvrir. Tous les renseignements nécessaires se trouvent d'ailleurs au port d'Hakodade, lequel est en relations continuelles avec toutes les stations que la Russie possède le long des côtes de la Mantchourie.

Le consul de Russie se fait un devoir d'éclairer les capitaines qui font ce voyage.

Le navire qui partirait des côtes de France ou de toute autre contrée européenne après les dates que nous venons d'indiquer, risquerait d'arriver au moment où la navigation devient impossible, et serait obligé de séjourner, pendant tout le temps nécessaire à la réouverture de la Manche de Tartarie, dans un port chinois ou japonais, ce qui peut entraîner une perte de sept mois, naturellement très-préjudiciable.

Il faut bien considérer qu'un navire arrivant à Nikolaewska, dans la bonne saison, doit avoir le temps de décharger sa marchandise, d'opérer un nouveau chargement, s'il y a lieu, ou de partir sur lest pour se diriger vers l'un des ports de la Chine ou du Japon où l'on parvient toujours à trouver un fret à peu près complet. Si ce navire n'avait pas le temps nécessaire, il se trouverait infailliblement pris par les glaces, et serait obligé de séjourner sept mois dans un des ports de la Mantchourie, en attendant la réouverture de la navigation.

Après être entré dans la Manche de Tartarie, et avoir dépassé le détroit de La Peyrouse, qui sépare l'île de Yesso de la première des Kuriles, le navire passe devant les différents ports et les différentes baies dont le gouvernement russe a pris possession :

La baie de Suffren,

La baie d'Olga,

La baie d'Alexandrofska, etc., etc., etc.

La dernière à rencontrer avant d'arriver à l'embouchure de l'Amoor, c'est :

La baie de Castries.

C'est là le point de relâche de tous les navires se rendant à Nikolaewska.

Castries offre une baie commode, sûre, bien abritée ; là, comme à Hakodade, tout navigateur trouvera les renseignements dont la connaissance lui est utile pour remonter le Leman : des cartes marines parfaitement relevées et indiquant les bouées établies dans les passes dangereuses, des indications relatives aux points à prendre sur le vent pour éviter les nombreux courants qui sillonnent cette mer; en un mot, tout ce que la prévoyance la mieux entendue peut rassembler pour éviter les difficultés que présente cette traversée.

A partir de Castries le goulet devient de plus en plus étroit, les coups de vent du côté du nord-ouest poussent les navires vers les côtes de l'île de Seghalien. Dans sa prévoyance, le gouvernement russe a établi à la baie de Castries un poste de pilotes destinés à conduire les navires jusqu'à Nikolaewska, ce qui n'empêche pas, tant la mer est dangereuse, de jeter l'ancre aussitôt que vient la nuit. On met en général quarante-huit heures pour franchir la distance qui sépare la baie de Castries de Nikolaewska.

Ces grandes difficultés maritimes sont un véritable empêchement au développement du commerce entre le port de Nikolaewska et l'Europe.

Le gouvernement russe l'a depuis longtemps reconnu, et plusieurs projets ont été mis à l'étude afin d'y obvier. Il avait d'abord été question de faire de Castries un port marchand, et de conserver Nikolaewska comme port militaire. En effet, à ce point de vue, Nikolaewska, placé à l'entrée de la mer du Japon, est dans une situation merveilleuse; puis, ce qui est difficulté pour les voiliers disparaît complètement pour les navires à vapeur, et l'on sait que toute la flottille russe de la mer d'Okotsk n'est absolument composée que de steamers.

Ce projet ne satisfit pas complétement, voici pourquoi : les marchandises arrivant d'Europe remontent jusqu'à Nikolaewska pour, de là, s'enfoncer dans le Kamschatka, ou bien encore côtoient la mer d'Okotsk, où un très-grand commerce se fait journellement. Aussi le port de Castries demeurait bien port marchand, mais celui de Nikolaëwska était tout aussi marchand, mais non plus exclusivement militaire.

On fit une autre proposition : il s'agissait cette fois d'établir un canal reliant directement la Manche de Tartarie à l'Amoor, c'est-à-dire la baie de Castries à la ville de Sophiska (une distance de quarante kilomètres à peu près). Ce canal devait être assez large pour supporter les vaisseaux du plus fort tonnage, et aurait donné accès dans le fleuve. Là les navires, à l'abri des tempêtes, auraient descendu tranquillement jusqu'à Nikolaewska. Ce projet fut généralement trouvé le meilleur. On parla aussi d'un chemin de fer conduisant jusqu'au fleuve, et de barques qui devaient remonter les marchandises jusqu'à Nikolaewska ; mais cette dernière proposition offrait peu d'avantages ; elle demandait un chargement et un déchargement triples, et naturellement très-coûteux.

Ce fut donc au second projet que le gouvernement russe s'arrêta ; malheureusement il est difficile pour lui de le mettre à exécution. Les études sont très-bien faites; les plans, déposés au ministère de la marine, sont approuvés ; mais les bras et les capitaux manquent toujours, et l'on ne voit pas le moyen d'y remédier, quant à présent.

Le port de Nikolaewska est large, spacieux et bien abrité, excepté cependant d'un seul côté ; les navires, aussitôt leur entrée dans le port, déposent leurs papiers, et en même temps une sorte d'inventaire de tout ce qu'ils ont à bord. Un officier interprète, appartenant à la couronne, vient les prendre.

Nikolaewska est considéré par le gouvernement russe comme port franc, c'est-à-dire qu'aucune marchandise ne paye de droits si elle est introduite par cette frontière. Le thé, prohibé jadis, a été admis en franchise ; l'opium seul est sévèrement interdit.

Il est utile de s'étendre un peu sur cette question des thés, une des plus importantes pour l'avenir commercial des provinces de l'Amoor, et intéressant les armateurs français qui chargeraient pour Nikolaewska.

De tout temps, le thé est entré en Russie de deux façons : par la caravane qui part des provinces du Sud de la Chine, et qui, après avoir traversé l'empire chinois et la Tartarie, remonte jusqu'à Kiatcha, frontière de la Russie, pour de là être dirigée, toujours par terre, jusqu'à Irbith, le grand marché des thés pour la Russie, et Moscou, cet autre marché moins important.

Le second moyen appartient exclusivement à la compagnie américo-russe, qui a seule le droit d'importer deux fois l'an, par la mer Baltique, un navire chargé de thé.

C'est ainsi, pour ne citer qu'un exemple, que la Russie, en 1860, a pu consommer près de quarante millions de livres de thé.

Depuis un an à peu près, le port de Nikolaewska a obtenu le privilége de l'importation du thé, sans aucune réserve et sans aucune espèce de droits d'entrée.

Nikolaewska est donc forcément appelé à accaparer l'importation d'une grande partie des thés qui seront dorénavant consommés en Russie ; et, en effet, si l'on considère que Nikolaewska n'est qu'à quinze jours de Shang-haï, que l'Amoor coule jusque dans l'intérieur de la Sibérie asiatique, que son parcours est sillonné maintenant de pyroscaphes et de barques, transportant à un taux très-réduit toutes espèces de marchandises, on comprendra bien vite que les thés introduits en Russie par cette voie lutteront facilement sur les marchés russes avec tous ceux introduits par les anciens moyens.

Grâce à l'absence de droits d'entrée, à la modicité des prix de transport, l'économie réelle qui en résulte est, d'après les calculs exacts, de 50 p. 100 au moins, à qualité égale.

Au point de vue de notre industrie, ces renseignements ne sont, il est vrai, que de peu de valeur ; mais pourtant les négociants désireux de faire une tentative commerciale avec ces pays éloignés ne les liront pas sans intérêt, car ils pourront, sans crainte aucune, charger à Shang-haï telle quantité de thés qu'ils voudront, et considérer le placement comme certain et très-avantageux.

Où le génie russe se révèle, c'est bien véritablement dans cette ville nouvelle, qui existait à peine il y a quatre ans, et qui aujourd'hui est devenue une des plus importantes de toute la Sibérie occidentale. Nikolaewska possède une population fixe de dix-huit mille habitants, recrutés pour la plupart parmi les proscrits et les exilés, dont la Russie est si prodigue.

Bâtie au bord de la mer, Nikolaewska est devenue le centre de tout le commerce sibérien. Elle est située à 1,500 kilomètres d'Hayan, port militaire et marchand, sur la mer d'Okotsk, et à 3,000 kilomètres à peu près de Petropolowska, chef-lieu de la province maritime du Kamtschatka.

Le port de Nikolaewska est maintenant le seul entrepôt du Kamtschatka; c'est là que s'opèrent toutes les transactions, dont autrefois Irkutsk avait le monopole. Irkutsk, capitale de la Sibérie orientale, est située sur les bords du lac Zabaïkal, aux confins de l'empire chinois. Les populations kamtschadales et russes, qui peuplent les provinces septentrionales, s'alimentaient à Irkutsk; cette ville est à peu près à 3,000 kilomètres de Iakutsk, capitale réelle du Kamtschatka.

Rien n'égale la misère dans laquelle les populations de l'Amoor sont encore plongées. Le gouvernement russe a certainement fait beaucoup relativement pour ces peuples, dont il est devenu le protecteur; les nouveaux villages qui se sont élevés, comme par enchantement, le long des rives du fleuve, ont été puissamment aidés par la couronne : mais, il faut l'avouer, les indigènes, qui avaient droit à toute la sollicitude gouvernementale, et ceci à plus d'un titre, ont été complétement mis de côté. Il nous semble cependant que c'était sur eux d'abord que devait s'étendre la protection russe.

Examinons quelle est la vie pratique des riverains de l'Amoor. L'agriculture est complétement inconnue jusqu'à présent; cependant la terre mantchoue ne demande qu'à produire. Dans beaucoup d'endroits, et surtout sur les bords du fleuve, nous avons pu nous convaincre que le sol était couvert de terre végétale jusqu'à une profondeur de deux archins au moins (l'archin représente quatre-vingts centimètres); il y aurait donc une organisation toute particulière à établir dans ces contrées. Il serait urgent, par exemple, d'y installer une colonie agricole qui serait en même temps minière. Là, comme sous presque toutes les latitudes septentrionales, les semailles et la récolte se font dans l'espace de quatre mois, il resterait donc au cultivateur huit mois pleins pour concourir à des opérations et à des travaux que nous allons énumérer plus bas.

Au temps où les Golds, les Gillacks, les Mantchoux étaient tributaires de la Chine, il est probable que le gouvernement chinois les laissait dans la plus profonde ignorance; mais, depuis que ces populations sont devenues parties intégrantes de la grande famille moscovite, la Russie, qui touche à la civilisation européenne par une si grande étendue de frontières, a-t-elle bien le droit d'agir de la même façon?

Ces populations ne se nourrissent absolument que de poisson, de viande de chien et de millet concassé; le millet surtout forme la base leur alimentation. Pour se le procurer, ils sont obligés d'accomplir, chaque année, un voyage énorme, puisqu'ils s'enfoncent jusque dans l'intérieur de la Chine, en remontant l'Amoor jusqu'au confluent du Zoungari. C'est dans les villes qui bordent ce fleuve qu'ils rencontrent les objets de première nécessité, et qu'ils échangent leurs fourrures contre des pièces d'argent, car les Chinois persistent (non sans raison peut-être) à refuser le papier-monnaie de la Russie.

Ces voyages, accomplis au milieu de l'hiver, se font par

caravanes de vingt à vingt-cinq individus qui sont les délégués de plusieurs villages; la durée du trajet est de cinq mois et la distance à parcourir est de 5,000 kilomètres!

Ne serait-il pas facile à la Russie de favoriser par une diminution d'impôt, d'aider même par des institutions de crédit ou par le don premier de la semence, la culture de cette plante indispensable aux autochthones? Je laisse la question d'humanité de côté : ces voyages ont lieu dans le cœur de l'hiver, par ving-sept ou trente degrés au-dessous de zéro, et les chiens sont les seules bêtes de trait qu'on puisse utiliser dans ces circonstances. Il arrive bien que de temps en temps, lorsqu'ils se trouvent en deçà de la frontière russe, les voyageurs trouvent à s'abriter dans un poste; mais, une fois en Chine, l'hospitalité s'évanouit : le Chinois n'est pas prêteur, donneur moins encore.

Jusqu'à ce jour, un des plus considérables avantages que la population ait recueillis de la conquête russe, ç'a été le placement facile et régulier des pelleteries, car le pays en fournit abondamment de toutes qualités et de très-estimées : zibeline, loutre de mer, hermine blanche et — rêve d'une Parisienne — renard bleu!

Une fois par an, au mois de mars, les indigènes se rendent à Nicolaewska avec les peaux qu'ils ont amassées durant l'hiver.

La chasse des bêtes à poil commence en novembre pour finir en février; c'est à l'aide du lacet plus que du fusil qu'ils s'en rendent maîtres. Les soldats disséminés dans le pays se livrent avec ardeur à la poursuite des martres. Le prix d'une zibeline achetée au chasseur varie de quatre à six roubles, ce qui en met le prix moyen à vingt francs. Autrefois, lorsque seul le Kamtschatka fournissait les peaux de zibelines, elles coûtaient jusqu'à vingt et vingt-cinq roubles, c'est-à-dire quatre-vingts et cent francs. Il est vrai que la qualité des martres kamschadales est supérieure à celle des martres de l'Amoor. Aujourd'hui encore on les paye cinquante et même soixante francs la pièce. Le gouvernement, du reste, en a monopolisé la vente, les Kamschadales payant leurs impôts en pelleteries. La couronne possède d'immenses magasins où sont en dépôt les fourrures de zibeline qu'elle revend à des commerçants qui les expédient en Europe, où elles jouissent d'une grande faveur. Les plus belles viennent de Otskoï, port du Kamtschatka.

Mais la fourrure la plus estimée est celle du renard bleu. La réunion de quatre de ces peaux est un événement à Iakoutsk, le seul pays où il s'en rencontre.

Quand le gouverneur est parvenu à réunir quatre de ces peaux précieuses, elles sont réservées pour l'empereur ou pour la famille impériale. Lorsque je passai à Iakoustk, il s'en trouvait trois chez le gouverneur, attendant depuis déjà cinq années qu'un quatrième renard bleu fût d'humeur à se laisser prendre.

Cette appellation de renard bleu n'est pas, du reste, complétement exacte. Seulement les reflets du pelage de l'animal sont d'un noir si violent qu'ils semblent réellement d'une teinte d'azur foncé.

Une dernière fourrure que les habitants des côtes, et principalement ceux de l'île de Seghalien et des Kurilles prisent beaucoup, est celle de la loutre de mer. Mais il y a également un monopole sur celle-ci : la compagnie américo-russe a seule le droit de l'acheter et de la vendre.

Cette fourrure est d'un emploi constant en Russie, où elle sert à la confection des manteaux d'ordonnance des officiers.

Cette année seulement doit s'éteindre le privilége de la compagnie américo-russe, et il est à croire qu'il ne sera pas renouvelé (1).

Le meilleur moyen de trafiquer est d'arriver près des indigènes muni des marchandises dont ils ont besoin ou de dollars américains. Ces marchandises se restreignent à de grosses toiles que les Anglais appellent *drill*, à des ornements de cuivre et de verroterie et à des tapis à bon marché. Les thés, le riz et la farine y sont également bien reçus.

Inutile de dire que les fourrures, dont le placement est certain, sont un chargement merveilleux pour les navires qui ont opéré leur cargaison.

Le bénéfice de ces opérations peut être évalué à cinquante et même soixante pour cent, car ce qui coûte 20 francs là-bas se paye 40 et 50 chez nous.

Comme richesse minière, nous ne pouvons passer sous silence les mines de charbons de terre que la couronne possède dans l'île de Seghalien. Ces gisements, d'une richesse extrême, offrent une économie de quinze pour cent sur les autres charbons connus. Ce chiffre a

(1) Nous rappelons aux lecteurs que ces impressions ont été écrites en 1862.

été publié après essai fait à bord de la frégate *l'America*, de la flottille russe de la mer d'Okotsk, sous les ordres du capitaine Baltin.

Moyennant une très-faible redevance, tout navire se rendant à Nikolaewska peut opérer un chargement de houille dans l'île de Seghalien.

Les armateurs savent que la Chine est obligée de s'approvisionner de charbons en France et en Angleterre. Durant la dernière guerre de Chine, on a tenté quelques essais avec les anthracites de Nangasaki (Japon); mais ces tentatives n'ont pas donné de résultats satisfaisants. Les capitaines de navires marchands sont donc certains de se débarrasser promptement de tels chargements, soit à Shang-haï, soit à Hong-kong.

Dernièrement on a également tenté à Nikolaewska d'emmagasiner les glaces de l'Amoor, et le gouvernement, à cet effet, a construit d'énormes glacières. Les essais ont réussi; Nikolaewska n'est-elle pas dans une admirable situation pour approvisionner la Chine, bien mieux que les ports de la baie d'Hudson, d'où vient la majorité des navires chargés de glaces?

Bien d'autres questions relatives au commerce de ce pays sont, par l'ordre du gouvernement russe, en ce moment à l'étude : une des plus sérieuses est sans contredit celle de l'exportation des bois de construction.

Les ports du Japon, Hakodade surtout, envoient tous les ans en Chine deux mille tonneaux de bois pour la construction des jonques. Ces bois sont en grande quantité dans les forêts de la Mantchourie.

Nous avons jeté un coup d'œil sur l'organisation politique des villes de l'Amoor, il ne nous reste plus qu'à signaler les villes situées sur le bord de ce fleuve, et qui méritent une attention sérieuse par leur importance commerciale.

En quittant Nikolaewska et en remontant l'Amoor jusqu'au point où il cesse d'être navigable, c'est-à-dire en remontant vers sa source, la première ville sérieuse est Xabarofska.

Située au confluent de l'Ossouri, du Zoungari et de l'Amoor, elle est appelée à un développement industriel considérable.

L'Ossouri forme en descendant vers la mer du Japon la frontière de la Russie et de la Chine ; aussi le gouvernement a-t-il cherché à accumuler sur les bords de ce fleuve puissant tous les moyens dont il peut disposer pour favoriser l'éclosion de tous ses projets industriels. Malheureusement, comme tous les gouvernements, tour à tour il s'engoue et se dégoûte des idées bonnes comme des mauvaises, et, s'il favorise parfois ces dernières, les premières restent presque toujours à l'état d'embryons.

L'Ossouri coule à travers des montagnes qui font partie du grand Chin-ghan. Ces montagnes, par leur forme et leur couleur, rappellent celles de l'Australie : on serait presque tenté d'affirmer que leurs flancs contiennent les mêmes richesses : du reste, le quartz y abonde.

Les premières fouilles qui ont été faites dans les monts qui bordent l'Ossouri, sous les ordres du lieutenant Anosoff, ont donné de fort beaux résultats. On a même été surpris à Pétersbourg de la richesse des échantillons de mines qui y ont été envoyés. Nous avons séjourné quelque temps dans ces lieux en accompagnant la mission scientifique qui y était envoyée, et nous avons été convaincu que l'Ossouri pouvait donner des résultats aussi considérables que ceux recueillis par les Anglais dans l'Australie.

D'où vient donc qu'il n'y ait encore rien de fait après cinq années de découvertes et d'études constantes? La raison, nous l'avons dite plus haut : c'est le manque absolu de capitaux dans lequel se trouve continuellement le gouvernement russe; nul doute qu'une compagnie offrant d'exploiter tous ces gisements ne reçoive de la Russie un concours puissant. L'élément à introduire le plus promptement, en même temps que le capital, serait l'émigration; les travailleurs feront absolument défaut au spéculateur qui voudrait faire une tentative à l'Ossouri. La Chine, avec ses millions de bras inoccupés, est à une si petite distance qu'elle peut fournir toutes les forces nécessaires à l'accomplissement d'une pareille œuvre. Une tentative de ce genre a déjà été faite par le gouvernement français, et elle a réussi complétement; le colon chinois est travailleur, sobre et intelligent. Le gouvernement russe est, du reste, tellement désireux de voir une population nouvelle s'établir dans ses possessions que tout émigrant recevrait certainement une portion de terrain qu'il pourrait exploiter à sa fantaisie. Ainsi donc, aussi bien pour l'armateur que pour le pays lui-même, l'émigration chinoise serait un bienfait. L'Ossouri est excessivement poissonneux, et ses bords, déjà parsemés d'exploitations russes et indigènes, offrent un avenir brillant aux travailleurs intelligents.

Outre ces exploitations aurifères, tout auprès du lac de l'Ossouri et à très-courte distance du fleuve, nous avons vu de magnifiques mines de plomb argentifère complétement inexploitées et des houilles d'une richesse incontestable. Chose bizarre et qui certainement n'est pas à la louange du gouvernement russe, à proximité des gisements aurifères dont nous venons de parler, sur le territoire chinois, il y a toute une exploitation minière en pleine activité.

En remontant l'Ossouri, nous retournons à Xabarofska; en continuant le fleuve Amoor, et en se dirigeant vers son embouchure, la deuxième ville importante est Blagaveshenski.

Blagaveshenski est située, comme nous l'avons déjà dit, en face d'Aïgoon, une des villes de la Mantchourie chinoise, et à une petite distance du fleuve *Zoungari*, qui se jette dans l'Amoor après avoir traversé une grande partie de la Chine.

La position topographique de cette ville est merveilleuse.

Le dernier traité signé entre la Russie et la Chine permet au pavillon russe de remonter les grands fleuves de la Chine qui se jettent dans l'Amoor, d'y amener quelque industrie que ce soit et d'y tenter quelques opérations que les négociants russes jugeront utiles.

Ces négociants peuvent compter sur la protection de leur pays, puisque le traité porte encore que des postes russes pourront être établis de distance en distance.

Le seul fleuve par lequel la Russie puisse pénétrer dans la Chine est le Zoungari, immense courant d'eau pouvant supporter des navires d'un très-fort tonnage.

Depuis l'embouchure de l'Amoor jusqu'à Blagaveshenski, ce fleuve est navigable pour les steamers de 300 à 400 tonneaux.

De là naturellement nous pourrons conclure à un très-grand avenir pour cette ville. Par le Zoungari il est facile d'apporter jusqu'au cœur de la Chine l'industrie européenne, qui semble devoir trouver des débouchés immenses, comme l'on a pu s'en convaincre depuis l'ouverture des nouveaux ports dans le Ian-tse-kiang.

À partir de Blagaveshenski, nous ne rencontrons plus qu'une succession de petits villages qui se continuent jusqu'à la frontière de la Sibérie occidentale et dont nous n'avons pas à nous occuper.

Résumons-nous.

Nous trouvons un pays entièrement neuf, d'une richesse foncière et minière excessive, un fleuve qui coupe ce pays d'un bout jusqu'à l'autre et qui permet les moyens de transport les plus divers, des besoins constants, mais mal satisfaits, en un mot tout ce que le commerce européen et surtout français doit chercher pour ouvrir des débouchés nouveaux à son incessante activité.

C'est donc à nos armateurs à imiter les négociants américains et à les empêcher de prendre, dans ces nouvelles provinces, un pied qu'il serait peut-être difficile de leur faire perdre plus tard.

CHAPITRE XVIII

CONCLUSION.

Si le lecteur a suivi avec quelque intérêt le récit de mes pérégrinations et de mes aventures, il s'est peut-être demandé quelquefois la raison de cette course folle à travers tant de peuplades. Cette frénésie de déambulation, cette sorte de rage de quitter un point pour se rendre à un autre et, une fois ce point atteint, de le quitter encore et toujours ainsi, a dû le surprendre. Certes, les voyages ont mille charmes. Il est rare pourtant qu'on accomplisse un voyage pareil au mien sans but préconçu. Ce ne serait plus de la fantaisie, mais de la démence.

La raison de tant de pas faits en vain, de tant de naufrages subis, de tant de bourrasques essuyées, de tant de périls évités, de tant de nuits passées à la lueur des étoiles, dans la neige, sous le vent, de tant de jours sans pain... — le lecteur vient de la lire dans le chapitre précédent.

C'est pour faire les études précitées sur les provinces de l'Amoor que j'ai quitté la Chine, où je comptais retourner après avoir fait un court séjour à Paris. Ces études, dans ma pensée première, devaient exclusivement profiter à la maison de commerce avec laquelle je m'étais entendu à cet effet et qui réside à Shang-haï. Si je ne lui ai point préalablement communiqué ce travail, c'est que, croyant m'associer à des représentants de l'idée française dans les mers des Indes, je me suis aperçu (quoique un peu tard) que son but était de l'exploiter au bénéfice de l'influence anglaise.

L'influence anglaise, soit! nous vivons à une époque où le *chauvinisme* national deviendrait ridicule si on le poussait jusqu'à ce point de souhaiter quelque malencontre aux travailleurs des pays voisins; cependant, je préfère dans la circonstance, si toutefois je ne m'abuse et si leur valeur est réelle, jeter ces éléments aux trente-deux vents de la publicité.

J'espère, soit dit sans orgueil, que ce livre ne sera pas tout à fait inutile.

Si pourtant, dans l'espace de quatorze mois, j'avais fait un parcours de trente mille kilomètres, c'est-à-dire un peu plus de trois mille lieues, si j'avais vingt fois risqué ma vie, compromis ma santé, exposé une partie notable de ma modique fortune sans profit aucun pour mes concitoyens, il me restait encore, outre les plaisirs réels du souvenir, la consolation d'avoir un peu appris sans avoir rien oublié.

J'ai appris que l'homme est sous la main de la Providence, qu'il ne faut s'effrayer d'aucun danger ; que, si faible soit-on, l'on peut braver les éléments et les périls les plus divers, et que le levier tant cherché par Archimède, c'est la volonté!

Je n'ai pas oublié que les plus beaux spectacles de la nature, les merveilles accumulées du luxe, fruit des civilisations étrangères à la nôtre, de quelque émotion qu'elles nous pénètrent, ne nous touchent pas autant que le petit bois de Ville-d'Avray ou de Louveciennes, où pour la première fois la grisette en robe unie nous a dit le mot : Je t'aime! la guinguette champêtre où l'on a trinqué avec les amis des premières heures, le salon modeste où, à la clarté de la lampe de famille, notre mère, que nous oublions trop souvent, rêve à l'absent et parfois le pleure!

TABLE DES MATIÈRES

	Pages.
PRÉFACE	1
AVANT-PROPOS	13

CHAPITRE PREMIER

Départ. — De Marseille à Alexandrie. — *La Panthère.* — Alexandrie. — Un Anglais, un Suisse et un Français. — Les Pyramides. — Suez. — Le *Simla.* — La mer Rouge. — Aden. — L'océan Indieb. — Pointe de Galles.......... 17

CHAPITRE II

Un hôtelier bizarre. — Un coup de vent. — Un naufrage. — Sauvetage. — Les extrêmes se touchent. — Ceylan. — Mon auberge. — Excursion dans l'île. — Coup d'œil historique. — Types. — Colombo. — Le consul français. — Retour à Pointe-de-Galles...................... 43

CHAPITRE III

Pages.

Le *Pékin*. — Les Chinois de Singapoore. — Les tigres. — Hong-kong. — La petite Provence à 4,000 lieues. — Au bois ! — Les bohémiens d'Hong-kong.................. 55

CHAPITRE IV

Macao. — Le fleuve. — Les bateaux de fleurs. — Les sybarites. — Les îles Chiu-sang. — Shang-haï. — Types. — Les rebelles. — Aperçu historique sur l'insurrection des Tay-pings... 68

CHAPITRE V

Départ de Shang-haï. — *La Princesse Charlotte.* — Tien-Tsin. — Nangasaki. — Les Hollandais, histoire des premières relations avec le Japon. — Les Chinois diplomates. — Costumes japonais. — Les Japonaises. — Les chevaux du Japon... 84

CHAPITRE VI

La Bérénice. — Voyage d'exploration. — Osaka. — La rade de Yeddo. — Kana-gawa. — Yoko-hama. — Assassinat de deux capitaines. — Les premières transactions au Japon. — Coup d'œil historique et politique. — Le prince Mit'o. — Le peuple. — La langue...................... 96

CHAPITRE VII

La langue. — La douane. — Les femmes à Yeddo. — Leur condition. — Yoko-hama. — Un intérieur japonais. — Drame intime. — Yosi............................... 114

CHAPITRE VIII

Un départ manqué. — Un typhon. — A quelque chose mal-

Pages.

heur est bon. — Hakodade. — Un barbier japonais. — Une attaque à main armée. — Situation des Européens à Hakodade. — Un missionnaire Lazariste.............. 130

CHAPITRE IX

M. W... — Cava-Saku. — Un prince marchand de bœufs. — La chasse au cochon. — Les Cacolets. — Un étrangleur. — Les Japonais se ruinent pour acheter des rats. — Moyen de ne pas les détruire. — Un capitaine hilare. — *Le Marengo*. — L'île Hituroup. — Les Aïnos............ 141

CHAPITRE X

Combat d'Aïnos et de Yankees. — Le capitaine est ferme. — Exécution. — Un enterrement à bord. — Le capitaine est fou. — Petropolowska. — Le cimetière anglo-français. — L'amiral K................................. 156

CHAPITRE XI

Le Mantchour. — La baie de Castries. — Nikolaewska. — Alexandrowska. — A cheval sur un bœuf. — Intérieur d'un poste russe. — Les Cancrelas. — Le lac de Kiesy. — Marienski................................... 167

CHAPITRE XII

Kiesy. — Le juif Lazaroff. — Deux guides en état d'ivresse. — Un bateau seghalien. — Voyage sur le fleuve. — Les glaces. — De rochers en rochers................. 180

CHAPITRE XIII

Je perds mon embarcation. — Un Poulga. — La famine. — Voyage sur la glace. — Les rochers de Thürr. — Une noyade. — Le bivouac. — La lutte. — Un vilain moment. — Gelé..................................... 193

CHAPITRE XIV

Pages.

Un village gillak. — Le Kayour Ostrouski. — Les femmes gillaques. — Leur coquetterie. — Leur toilette. — Leurs cheveux. — Pediculi. — Gastronomie. — Une bouillabaisse. — Le chien rôti. — Bifsteacks d'ours. — Les chiens d'attelage. — Manière de conduire un traîneau. — L'Astol. — Les loups. — Combat.. 211

CHAPITRE XV

Michaelowski. — Les brigands honnêtes. — Le sprasnik. — Hospitalité. — Un correspondant de Hertzen, rédacteur de *la Cloche*. — Dans un baril. — Le pope Stoskoï. — Le gouvernement polke. — Un peintre sibérien. — Histoire du sprasnick. — Sa femme. — Trompé. — Duel. — Exil. — Ivrognerie. — Colonisation. — La liberté en Sibérie. — Adieux.. 241

CHAPITRE XVI

Nikolaewska. — Aspect général. — Le chinowik Chitrowo. — Voyage à l'Amoor. — Xabarofska. — Chasse aux rennes. — Les patins de deux mètres. — Blagaveshenski. — Les Chinois d'Aïgoon. — Prisonnier. — Je m'échappe. — Une fête chez les Toungouses. — Transactions entre les Toungouses et les Cosaks. — Le Cosak usurier. — Départ pour Irkutsk... 267

CHAPITRE XVII

Coup d'œil historique, politique et commercial sur les provinces de l'Amoor. — Le comte Mourawieff Amoorski. — La compagnie Américo-Russe. — Du détroit de Corée à la Manche de Tartarie. — La navigation de l'Amoor. — Les martres. — Les loutres marines. — Les renards bleus. — Les thés. — Avenir du commerce des thés. — L'Ossouri. — Les mines d'or. — Les mines d'argent. — Les mines de plomb. — Les mines de houille. — Les coolies chinois. — Le Zoungari. — Navigation de ce fleuve — Le commerce européen dans la Russie asiatique. — Les armateurs français.................................... 278

CHAPITRE XVIII

CONCLUSION.. 303

Paris. — Typ. Morris et Comp., rue Amelot, 64.

www.ingramcontent.com/pod-product-compliance
Lightning Source LLC
Chambersburg PA
CBHW071257160426
43196CB00009B/1329